WAC BUNKO

私はなぜ「中国」を捨てたのか

新装版

石平

WAC

新装版まえがき——平成最後の年に思う——「日本人になって良かった」

「日々是好日」の年月を過ごせた

　私が、この本の書名にあるように、文字通りに「中国」を捨てて、国籍上日本国民の一員になったのは平成十九年（二〇〇七年）十一月のことであったが、翌年の平成二十年（二〇〇八年）一月三日、私は自分自身の帰化の「通過儀礼」として伊勢神宮を参拝した。不肖の私が日本国民の一人となったことを天照大御神《あまてらすおおみかみ》に報告しお許しを乞《こ》うためである。

　その日の朝、正装して五十鈴川《いすずがわ》の宇治橋を渡ったときの清々《すがすが》しい気持ち、玉砂利《たまじゃり》の道を歩いて内宮《ないくう》へ一歩一歩と向かうときの感激は今でも忘れられない。平成元年、すなわち一九八九年六月の天安門事件をきっかけに出身国の中国に精神的決別を告げてから二十年、私はこの聖なる伊勢の地において、天照大御神の御前で心身ともに一人の日本人となったのである。

その日からは早くも十一年が経った。そして今、平成の世はいよいよ終わり、私たち日本国民が新しい天皇の代を迎えようとしている。

振り返ってみれば、天照大御神の御前で日本国民になってからのこの十一年は、私にとってはまさに「日々是好日《にちにちこれこうじつ》」、充実して幸福感に満ちていた最高の日々であった。

私生活の面では、それこそ生粋《きっすい》の日本人の女性と結婚して幸せな家庭を築き、可愛いわが子を一人をもうけた。今や、世の中では「石平先生」として通していながら、家の中では平身低頭しておかみさんの言いなりになって追随するのは私の生き方となっており、成長した息子と公園で二人の「鬼ごっこ」や「合戦ごっこ」に興じるのは私にとっての至福のひと時である。

仕事の面ではお陰で大変順調である。フリーの立場から文筆業を始めたのは平成十四年のことであるが、日本国籍に帰化してからは、中国国籍であった時に持たざるを得ない恐怖感から完全に解放されて、一〇〇％自分の信念に基づいて自由自在に発言することができた。そして歯に衣着せぬ中国批判と事実に基づく中国分析をなんの遠慮もなく展開することができた。

恐らくそれが大きな原因となって、日本国民になってからは自分の活躍の場が急速に増えた。雑誌や出版だけでなく、新聞紙上でもテレビの画面上でも発言するチャンスをたくさん得て、まさに「石平一流」の言論活動を思う存分展開してきている。この民主主義文明国家の日本の中で、私は十数年間にわたって言論の自由を満喫《まんきつ》して、言論人としての自分の人生に花を咲かせることができた。ＷＡＣからも、本書以外にも宮崎正弘さんや藤井厳喜さんとの対談本も出させていただいている。日本国民の一人になって本当に良かった！

日本で手に入れた「政治的権利」

日本国民になったことで、選挙権を含めた政治的権利も手に入れた。生粋の日本人にとって選挙権を持つことは当たり前の話であるが、中国出身の私にとってそれには計りきれないほどの重みがある。大学時代にフランス大革命の理想に感化されて夢見たこの天賦《てんぷ》の権利を、中国の民主化運動の中で多くの仲間たちと命をかけて追い求めたこの神聖なる権利を、この私は日本国民になることによってやっと手に入れることができた。それほど貴重なものは他にあるのか。

それ以来の十一年間、私は選挙で棄権したことは一度もない。国政選挙にしても地方選挙にしても、必ずや候補者の政見を吟味《ぎんみ》した後に投票しにいくのである。この国を良くしていくために、われわれは自分たちの大事な権利を行使していかなければならない。

日本国民になったことで、政治批判も自由に出来るようになった。かつての民主党政権時代、私は言論人としても一私人としても常に政権批判の立場を貫いた。安倍政権時代になると、自らの信念と政治主張に従って安倍政権を大いに擁護しながらも、時には安倍政権の対中姿勢や対韓国姿勢を厳しく批判することもあった。一人の言論人としては、いかなる力にも左右されずに、独自の視点からの政権批判ができることはまさに幸せである。

特に、今の中国の習近平政権の下ではちょっとした政治批判を行ったことで投獄されたり「失踪」させられたりする知識人たちのことを思うと、民主主義国家の日本の言論空間はまさに天国というしかない。かつてのわが同胞の中国人はいつになったら、独裁政権の作り出した地獄から脱出できるのか。

実は今から五年前から、私は趣味半分でツィッターを始めた。毎日、自分の思い付いたこと、何かの出来事に対する自分の感想を短い文章で呟き、それが多くのフォロワの方々に伝わってさまざまな反応を呼ぶのである。今、私のツィッターのフォロワの人数は三十八万人を超えていて一種の言論共同体となっている感がある。それは、自分自身の左翼批判や政治主張を発信する貴重な手段となっているのと同時に、多くの人々と意見を交換する大事な言論空間にもなっている。毎日、三十八万人のフォロワの方々に支えられてならんかの意見や情報を流していくことはまた、私の大いなる楽しみの一つとなっているのである。

美しい国・日本と皇室の素晴らしさ

もう一つの大いなる楽しみといえば、一眼レフのデジカメを持って趣味の写真撮影に出かけることである。関西を中心にして日本全国の神社や寺院、古い町並みや名所古跡を歩き、春の桜や秋の紅葉、夏の山や四季の海などなど、この美しい日本の美しい景色のすべてが私の被写体となって、私にとっての「日本発見」の場となっている。日本の美しい山河に向かって、そして日本の伝統と文化の香りが漂う寺院の一角や庭園の片隅に向かってシャターを押すその瞬間、私はまた、至福の天国に舞い上がった気分となるのである。

良い写真を撮れたらやはり人様に見せたい。数年前から時々、自分のとった風景写真をツイッター上にアップするようになった。それがなかなかの好評であって今でも続けているが、今から二年前、自分の写真が月刊誌『WiLL』の編集者の目に留まって、「『WiLL』誌上で写真とエッセイの連載を始めませんか」とのお誘いを受けた。これで誕生したのは、今でも『WiLL』誌上で連載中の「石平が観た日本の風景と日本の美」というフォト&エッセイのコーナーである。日本の風景と日本の美を愛する自分の気持ちはこうして、多くの読者の方々に伝わることとなっている。

こうしてみると、日本国民になってからのこの十一年間、この穏やかにして美しい国の日本の中で、帰化人の私はこの上もない良き人生を送ることができたわけである。よく考えてみればそれはまったく、この素晴らしい国の全てを築き上げてきた先人たちのおかげであり、今の日本を支えているすべての日本国民のおかげである。そして、天照大御神から万世一系の伝統を受け継いで日本の伝統と形を守ってきた至高の皇室があるからこそ、毎日のように国の安泰と国民の幸せをお祈りされる今上天皇の治世があるからこそ、新米日本人の私は家族とともにこの平成の世を幸せに生きているのである。

私の子供と孫のためにも……

従って、今の自分はそれらの全てに対して深い感謝の念を抱くのと同時に、一国民として一言論人としての責任をも強く感じている。この責任とはすなわち、今後の険悪な国際環境の中で、多くの同胞たちと共に如何にして、この国の安泰と平和と独立自尊を保っていくのかである。

昭和の最後の年に来日して、平成の時代を通してこの日本国から大恩を受け続けてきた私は今後、次の時代においては人生の残りの時間をかけて報恩しなければならない。そして皆様と共にこの美しき日本のすべてを守りきって子孫に残していかなければならないのである。

私自身が「日本に来て良かった！」「日本人になって良かった」と心底から叫んでいると同じように、むしろそれ以上に、私の子供と孫には「日本人に生まれて良かった！」と叫んで欲しい。それこそは、平成に継ぐ次の時代に生き残るであろう私の人生の最大の願いなのである。

本書が、日本という国の素晴らしさを、多くの日本人に再発見していただく上で、何らかの貢献をすることができることを祈りたい。

平成三十一年（二〇一九年）二月吉日

石平

《新装版》私はなぜ「中国」を捨てたのか◉目次

新装版まえがき――平成最後の年に思う――「日本人になって良かった」
「日々是好日」の年月を過ごせた 3
日本で手に入れた「政治的権利」 5
美しい国・日本と皇室の素晴らしさ 7
私の子供と孫のためにも…… 9

第1章 私は「毛主席の小戦士」だった

私は「民主化運動世代」の一年生 22
ウソの教義に毒される子供たち 25
「毛主席の忠実な戦士」を作る中学校 29
少年時代への空しい思い 32
毛沢東政治が一転「過ち」へ 34
暴かれた毛沢東政治の内幕 37
文化大革命という一大博打 40

拷問、投獄、処刑……が十年間 43
ゴミ拾いのお婆さんが「反革命分子」に 45
毛沢東の肖像をズタズタに 47
一党独裁政治こそ悪の根源 49
「この国のために人生を捧げよう」 52
酒を片手に啓蒙活動 54
運命を変えた日本からの手紙 57
語ることのできない「あの事件」 59
中国は共産党の「道具」 63

第2章 いかにして「反日」はつくられるのか

帰国して驚いた中国人民の「日本憎し」 68
「原子爆弾で日本を滅ぼせ」 71
八〇年代に存在した温かい対日意識 75

「日本人は生まれながらにして悪魔」 79
東京の防災訓練が「軍事演習」に 82
暴風雨のごとき、マスコミの反日キャンペーン 85
敵が「日本」に代わっただけ 89
甥から「おじさんたちは間違っていた！」 91
日本を憎むことが、「共産党擁護」へ走らせる 96
仕掛けられた世紀のペテン 99
反日意識の高まりは〝天安門以後〟 101
「反日を破って我あり」 104

第3章 中国を覆う「愛国主義狂乱」

「反日」という怪物と、もう一つの怪物 108
女優の運命を変えた一枚の服 109
ステージに乱入してきた男から暴行 113

三十数万人が暴力行為を「支持」 114
「愛国」という名の〝集団ヒステリー〟 117
愛国攘夷の高まりも〝天安門以後〟 118
十三億の人民を束ねる「神話」 120
「国恥教育」で屈辱を追体験 126
「売国奴」となっても、わが道を行く 128
王様の最後のパンツ 131
「偉大なる復興」のモデル 133
戦争を熱望する「愛国者」たち 134
核、生物化学兵器、テロをも辞さず 137
二億五千万人が死んでも止むなし 141
共産党に踊らされる人民の悲劇 145

第4章　日本で出会った論語と儒教の心

大学の教職を追われた両親　150
小学校では「国語の師匠」　152
祖父はなぜ論語を教えてくれたのか　157
日本で再び出会った「論語」の世界　159
フランス思想の真髄をも表す　163
日本人の論語研究者への感嘆　167
「礼儀」において日本人の右に出る者はいない　169
日本語にはるかおよばない中国の敬語　170
真心あってこその敬語　175
日本語を学んで礼節を知る　177
「石さんは日本人になったのね」　179
中国語にはない「やさしい」という表現　180
中国の「もっとも良い人間」は、日本で言う「ごく普通のやさしい人」　184

孔子の説く「仁」と「恕」の道を歩む日本人 186
江戸に生きた儒教の忠実な実践者 188
「学を楽しむ」者はもういない 192
「心の故郷」はもはや中国にはない 195

第5章 わが安息の地、日本

美意識の集大成「唐詩宋詞」 200
「高尚と優雅」が去って「腐敗と堕落」が来た 204
嵐山で言葉を失う 207
「江南の春」が京都にあった 210
祖国への思いを「日本文化への憧れ」に投影させる 212
日本にこそ古き中国が息づく 216
禅の心と武士の精神が元兵を破った 218
時頼のお墓の前で 222

美しく優雅な「死の儀礼」 227
無私にして高潔の士、西郷南洲 229
よりいっそうの「愛日主義者」に 232
京都御所が他国の宮殿より勝る点 234
なぜ天皇家は「万世一系」となり得たか 237
皇室を持つ日本人の僥倖 242

第6章 平成の次の時代の国難は「中国の脅威」だ

人民解放軍は「習近平の私兵部隊」になった 246
中国への贖罪意識はもう捨てるべき 248
神仏習合に成功した日本 253
日本は中国の思想的・精神的奴隷、子分ではない 256
新元号は、日本の古典から採用してほしい 257
『広辞苑』は『虚辞苑』だ！ 260

新装版あとがき――私は日本のおかげで「解放」された

王君との〝くされ縁〟 262
「おしん」に感じた論語的世界 263
天安門で中国と訣別し、日本に安息の地を見つけた 265
「美しい日本」はいまのままでいてください 267

装幀／須川貴弘（ＷＡＣ装幀室）
本文写真提供／著者

第1章

私は「毛主席の小戦士」だった

私は「民主化運動世代」の一年生

私が地方から北京の大学に進学したのは、ちょうど満十八歳の一九八〇年であった。中国では今でも、プライベートの会話などで「八〇年代の大学生」という言葉が時々聞こえてくる。文字通り、一九八〇年代に大学に入った者たちを指す言葉だが、それが一つの「慣用句」として使われるのには、それなりの特別な理由がある。

一言でいえば、「八〇年代の大学生」とはすなわち、一九八〇年から一九八九年の天安門事件までの約十年間を通して、大学のキャンパスの中で「自由」や「民主」のスローガンを高らかに叫び回り、勉強をほどほどにして民主化運動に没頭した「あの世代の大学生」のことだ。いわば「民主化運動の世代」、という意味である。

したがって、一九八〇年に大学に入った私は、ちょうどこの「民主化運動の世代」の一年生となったわけであるが、とにかく、キャンパス中に「政治改革」を唱える壁新聞を張りまくり、汚い食堂で「民主主義国家建設」と「自由と人権の確立」などについて何時間も延々と激論したというのは、確かに私自身と多くの仲間たちの大学生活の最大の思い出である。

しかしよく考えてみれば、「自由」と「民主」の理念に共鳴し、民主化運動の推進に青春の情熱をかけた私たちの世代は、元をただせば、実は「自由」や「民主」などの理念とはまったく正反対の教育を受けて成長してきた世代である。

物心がついた子供の時代から、私たちが国家と大人たちから受けた教育はこうであった。曰《いわ》く、偉大なる共産党の指導をいただくわれわれの社会主義中国こそは、この世界中でもっとも繁栄した先進国であり、もっとも優れた平等社会であり、人民の権利がもっとも保障されている真の民主国家である。この素晴らしい社会主義国家に住むわれら中国人民は、どこの国の国民よりも幸せに暮らしていて、どの時代の中国人よりも人間らしく生きている国民なのだ――。

それとは対照的に、西側資本主義国家では、偽物の「民主」や「自由」を標榜《ひょうぼう》しながらも、極楽天国のような生活とやりたい放題の自由を満喫しているのは、ほんの一握りの資本家階級にすぎない。その傍ら、九九％以上の労働者・人民は食うや食わずの極貧の生活を強いられていて、資本家階級が牛耳《ぎゅうじ》る国家から残酷無道な抑圧を受けながら、暗黒の世界の中で奴隷同然に暮らしているのだ――。

だからこそ、社会主義は人類歴史上もっとも優れた社会体制であり、共産主義は全人類の憧れる、もっとも素晴らしい理想である。共産主義を唱えるマルクス主義は、この世界における唯一の真理であり、マルクス主義の中国版である毛沢東思想は中国人民の信仰すべき神聖なる理念である。そして、この毛沢東主席こそは、日々人民の幸福を願っておられる慈悲の救世主であり、中国人民を永遠に正しい道へと導く史上最高の偉大なる指導者なのである——。

毛沢東時代の「共産主義教育」の教義となったこのような言説は、真実のかけらもない一〇〇％のウソ偽りであることは言うまでもない。

事実はむしろその正反対であって、いわば「九九％以上の労働者・人民が食うや食わずの極貧の生活を強いられているような残酷無道な暗黒世界」とは、そのまま毛沢東時代の中国人民の置かれた現実そのものであった。

毛沢東共産党はまさに、世界中のもっとも美しい言葉を全部並べて、この世界中でもっとも残酷無道な国を「粉飾」していたのである。

しかし、洗脳教育とは、まことに恐ろしいものだ。

外の世界からの情報が完全に遮断され、共産党の教義に対するいかなる異議異存も断固として封殺され、教科書・新聞・ラジオなどのすべてのメディアが、毎日のように同じウソを、なんの臆面もなく断言的に流す。

そうなると、身の回りの現実がどうであれ、人々は結局、無条件にそれを信じ込むのである。たとえ一部の人が、内心では多少の疑念を抱いたとしても、それを口にすることは絶対できない。反対意見を述べる者は当然処刑されるが、疑念一つを口にしただけでも、刑務所行きか、強制労働施設行きかのどちらかであった。

ウソの教義に毒される子供たち

そういう社会環境の中で、私たちの世代の子供が、一体どのような教育を受けて育ったのか、もはや想像に難くないだろう。

その時代、テレビはまだなかったのだが、新聞の読めない子供たちは大人たちと一緒にラジオを聞く。そして毎日朝から晩まで、声のきれいなお兄さん、お姉さんが自信に満ちた断固たる口調で「われわれの素晴らしい社会主義国家」「われわれの偉大なる領袖《りょうしゅう》毛主席」を讃えているのが聞こえてくる。

学校へ行くと、最初の授業の前にクラス全員が起立して、毛主席の顔写真に礼拝するのが、毎日の欠かさない儀式の一つであるが、社会科や国語などの授業で使われる教科書のすべては、最初の一ページから最後の一文字まで、共産主義理念の素晴らしさと社会主義体制の優越性と、共産党と毛沢東の偉大さを力説する内容で埋め尽くされていたのである。

私の中学校の担任の女性教師が、教室の中で毛主席や共産党の「恩情の深さ」を語る時、いつも喉を詰まらせながら泣き出してしまう光景を、今でも鮮明に覚えている。共産党幹部となった叔母は、お正月にお年玉をくれる時でさえ、まず私たち子供を並べて「共産主義の理想」について大真面目に説教してから、お金の入った封筒を渡すのが長年のしきたりであった。

もちろん、今では、それらすべてが、ウソであったことは分かっている。しかしその当時、周りの大人たち全員が全員とも、意図的にそれらのウソを使って私たち子供を騙そうとしていたわけでもない。

実は彼ら自身も、このようなウソの世界観によって洗脳され、それを本心から信じていたようである。私の担任の女性教師も共産党幹部の叔母も、むしろ自らがそれらのウソを真実だと信じきっているからこそ、自分自身の感情を込めて一所懸命、私たちにそれを教えようとしていたのであろう。

そして、ウソは一つや二つではなく、ありとあらゆるウソが集まって一つの「完璧な」世界観を形成していて、あらゆる情報によってこのウソの世界観が補強されているのであった。もちろん、その時の自分は子供心に、身の回りの現実がこうした教えとあまりにも違っていることに、時々疑問を感じないではなかった。

たとえば、「君たちはこのような素晴らしい国に生まれてどれほど幸せか」と言われても、現実には皆が貧困で、食うのに精一杯の生活をしていたのである。

現に私自身は子供の時代から、豚とか鶏といった肉類を腹一杯食べた覚えが一度もない。いつの日にか豚肉を山ほど盛った一枚のお皿がポンと目の前に出され、思う存分にそれを食べるというのが、私の子供時代の夢であった。

それでも、自分たちが幸せな生活をしていると言えるのか……。

こうした子供心からのささやかな疑問に対し、大人たちはりっぱな答えを用意しているのである。

曰く、「豚肉を食べるというのはそもそも万悪の資本家階級の堕落したライフスタイルの一つであり、われわれ無産階級の戦士・小戦士は決してそんなものを食べようとしてはいけない。北京の毛主席も、決して豚肉なんかをお口にされないのだ。第一、われわれは毎日、ご飯や野菜をちゃんと食べているではないか。そしてこの中国以外の、世界中の人民たちは、食うや食わずの生活をしているではないか。毎日のように白いご飯をいただいている君たちは、どれほど毛主席に感謝しなければならないか」

そう言われてしまうと、「世界中の人民」や毛主席が、実際に何を食べているのかを見たこともない自分たちは、否応なく納得したものである。そうか、あの毛主席でさえ豚肉をお口にされないのか。豚肉のことばかりを考える僕は、本当に恥ずかしい存在だ。毛主席に申し訳ない。毛主席の肖像に向かってお詫びしたい、と子供心に素直に思った。そして、大人たちの作り出したウソの世界観は、さらに強固なものとなったのである。

結果的にいえば、要するに政治権力と国家、教科書とラジオ、学校の先生と親戚の叔母、私たち子供の周りを取り巻くすべての組織と人は、「共謀」して一つのウソの世界を織り上げ、それを私たちに植え付けて信じさせてきた、ということになるのである。

こんなふうにされると、自分たち子供は当然、それらのウソを唯一の真実だと信じ込むしかない。否、むしろ大人より数倍以上も真面目かつ純粋に、心底からそれを信じていくのである。

言ってみれば、私たちの世代の中国の少年たちは、まさに大人たちの作り出した欺瞞《ぎまん》と虚偽の世界に育ち、ウソの教義によって、幼い心を毒されながら大きくなったのである。

「毛主席の忠実な戦士」を作る中学校

少なくとも私自身、少年時代はそういう精神状態の中に生きていた。

私は四川省の成都《せいと》市という都会の出身であるが、小学校五年生までは、成都から遠く離れた田舎でお祖父さん、お祖母さんと暮らしていた。田舎の小学校にはまだ昔ながらの、のどかな気風が残されていて、それほどせっかちな「思想教育」が行われてはいなかった。

しかし小学校六年生から両親の住む成都に戻り、都会の学校へ転校してしまうと、状況は一変した。

さすが都会ゆえに、「教育」もしっかりしていたからである。特に中学校に上がってからは、徹底した「毛沢東思想の特訓教育」を受ける羽目《はめ》になったのである。

実は私の中学校は、成都市の「思想教育の重点模範校」に指定されていて、「毛沢東思想の徹底した教育によって、毛主席の忠実な戦士を作ること」を基本方針としていた。そのために、学校全体が「毛主席」一色に塗り尽くされている状態だった。ちなみに、前述のむせび泣きの女性教師の担当クラスに入ったのも、この学校においてである。

各教室の中に、毛沢東の肖像が掲げられるのは当然のことで、学校の玄関から入ったところでは、毛沢東の石像が聳《そび》え立ち、学校中の至る所に（もちろんトイレは例外だが）毛沢東語録を書いた看板が立てられていた。学校の体育館がいつの間にか「毛沢東思想展示館」に変身して思想教育の「聖堂」となったため、学校のすべての行事はグラウンドで行わざるをえなかったが、それも最初から最後まで、毛沢東礼拝の儀式と化していた。

特別に行事のない日でも、毎朝一時限目の授業では、クラスの全員が起立して毛沢東の顔写真に敬礼した後、さらに三人の生徒を立たせて、毛沢東思想を勉強したことによる「収穫」を述べさせるのが日課であった。

社会科や国語の授業が思想教育を中心としているのは前述の通りだが、音楽の授業でも、毛主席を讃《たた》える歌ばかりが教えられ、美術科なら、毛主席への忠誠心のシンボルとなる「心」のマークを描くことから最初の授業が始まる。

ただし、「恐れ多い」ということで、毛沢東の肖像を書くことだけは最後まで許されなかった。

今から考えてみれば、この学校のやっていることは、まさに毛沢東を「教祖様」とする熱狂的な新興宗教のやり方そのものであった。

このような教育を受けて、その時の私は当然、毛主席の小さな信徒の一人となっていた。当時の言葉でいえば、要するに「毛主席の忠実な小戦士」となったわけである。

尊敬している先生たちからは、「君たちはこのような素晴らしい国に生まれて、どれほど幸せか」「わが共産党と敬愛なる毛主席に、どれほど感謝しなければならないか」「毛主席の教えをちゃんと学び、ちゃんと実行すべきではないのか」と毎日のように諭《さと》されていたのである。

私たちはごく自然に、しかも純粋にそれを信じていたのである。

この社会主義の国に生まれて、僕は幸せなのだ。

僕は永遠に、毛主席の忠実な戦士なのだ。

毛主席の教えなら僕は何でも実行する。絶対に裏切らない。

毛主席よ、見ていてください。僕はやるのだ。

――少年ながら、毎日のように自分の心の中でこう呟くのであった。

呟くだけではない。この中学校では毎週一度、生徒全員に「毛主席への決心書（決意文）」

と称する作文を書かせることにしていたから、私も毎回欠かさずに、まさに心を込めてそれを書いた。

少年時代への空しい思い

自慢話ではないが、私は、実は子供の時から文章が上手だったので、自分の書いた「決心書」は時々、模範文に指定され、クラス全員の前で朗読させられた。

大学二年生の夏休みに帰省した時、家の大掃除で、中学校時代の「決心書」の一部がぽっと出てきたことがある。「懐かしいなあ……」と思いながら、一番上の一枚を手にした。「敬愛なる毛主席は私たちの心の中の赤い太陽」というタイトルだったが、最初の一行を読んだ途端、自分の書いたものでありながら、思わず吹き出して大笑いしてしまった。あまりにも馬鹿げた内容だったからである。

一緒に掃除していた妹が「お兄さん、何を見て笑っているの」と聞くので、さすがにきまりが悪くなった私は、「決心書」を全部片付けて、さっさと自分の部屋に退散するしかなかった。

そして、自分の部屋の窓の前に立っていると、急に切なくなった。言いようのない悲哀感に襲われた。

「これが自分の少年時代だったのか」と、空しさと悔しさがいっぺんに胸の中で涌き上がってきたのである。

少年時代に心を込めて書いた、あるいは書かせられたそれらの言葉は、まったく意味のない空言であることが、その時の自分には分かっていた。

子供の頃から教えられてきた、「共産主義の理想」や「毛沢東思想」にかんするすべての教義と言説が、まったくの欺瞞であることも、毛主席を中心に織り上げられていたあのような新興宗教的世界観が、まったくのウソ偽りの作り話であることも、すでに明々白々になっていたからである。

4歳頃の私。手にしているのは『毛沢東語録』

ちょうど自分が大学に入ってから、この「決心書」が出てきたあの夏休みまでの二年間に、そういうことがはっきりと分かってきたのである。

そして、それらが真っ赤な大ウソであることを知った時、そして自分たちが子供時代からずっと、その大ウソによって騙され続けてきたことを知った時、多くの同世代の若者たちと同様、私は自分の人生の中でもっとも深刻な心の危機と苦しみを体験しなければならなかった。

それは、私という人間の全人格を一度完全に崩壊させるほどの、驚天動地《きょうてんどうち》の「精神的大地震」であった。

毛沢東政治が一転「過ち」へ

この「精神崩壊」のプロセスは、一九八〇年に大学に入ってからすぐに始まった。一九八〇年は、鄧小平の「改革開放」路線が本格的に始動した年でもある。

「改革開放」路線の推進はすなわち、毛沢東時代の政治路線に対する歴史的大離反となるものだから、その始動と同時に、中国という国を二十七年間も支配してきた毛沢東政治に対する清算が必要となった。

そのために、鄧小平は政治の実権を握るとたちまち、毛沢東時代の政治路線の「過ち」を暴露し、それを徹底的に批判するキャンペーンの展開に取りかかった。毛沢東時代の政策が根本的に「誤り」だったため、鄧小平の「改革」が必要となるからである。

特に、十年間にもわたって展開された「文化大革命」という名の政治運動に対して、その被害者でもある鄧小平と、その配下の「改革派」の幹部たちは、容赦のない非難を浴びせた。中国共産党の主席であった、毛沢東によって発動されたはずのこの「大革命」は、今度は共産党の公式文書において「党と人民を前代未聞の大災難に陥らせた十年の動乱」だと断罪された。

しかし、そうしながらも、鄧小平たちはやはり最後の一線で毛沢東を庇った。曰く、毛沢東が犯したのは「過ち」であり、「罪」ではない——。

前述のような政治的犯罪を起こしたのは、あくまでも例の「四人組」など配下の幹部である、という。つまり、罪を「四人組」などに着せることによって、毛沢東という偶像が完全に地に墜ちる寸前において、それを救おうとした。

もちろん鄧小平たちがそうするのには、それなりの理由があった。

共産党政権の創始者であり、その最高領袖として数十年も君臨してきた毛沢東の完全否定は、そのまま共産党政権自身の正当性に対する否定にも繫がるからだ。

鄧小平の「改革」は、共産党政権の一党独裁体制の打破などを意図するつもりは毛頭ない。あくまでも共産党政権を守るための「改革」である。だから、毛沢東という共産党にとっての偶像を最後まで捨てることができなかった、ということである。

しかし鄧小平がどう考えようと、彼自身の手によって始められた毛沢東政治に対する反省と批判は、その加速度的な流れを止めることはもはやできなかった。

毛沢東の独裁政治の時代、多くの国民は身をもってその闇と残酷さを体験した。無実の罪を着せられて投獄されたり、家族や親族が何の理由もなく無惨に殺されて悲しさを味わった人は、あまりにも多かった。

毛沢東は「過ち」を犯したが「罪」を犯してはいないという鄧小平流の詭弁《きべん》は、死者の無念を晴らすことにはならず、生存者の疑問に答えることにもならなかった。

それが故に、毛沢東時代に政治的迫害を受けた一部の党幹部を含めて、知識人たちが中心となって、毛沢東の暗黒政治に対する暴露・批判と反省を徹底的にやり遂げようとする運動が始まった。

暴かれた毛沢東政治の内幕

運動が盛んになったのは、ちょうど私が大学に入った一九八〇年の前後である。そして、私が進学した北京大学は、まさにこの全国的民間運動の中心の一つであった。

というのも、この北京大学には、毛沢東時代に政治的迫害を受けた著名知識人とその子弟たち、そして、毛沢東によって打倒された経歴のある高級幹部たちの子弟たちが、多く集まっていたからである。

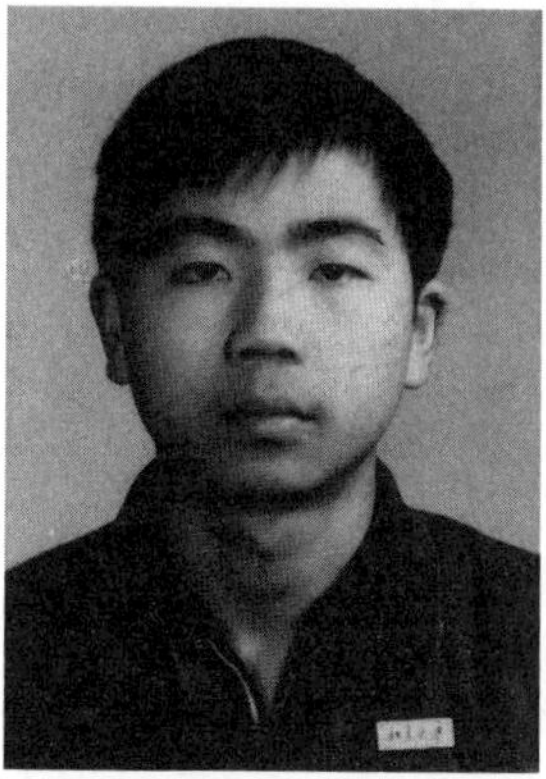
北京大学哲学部1年生時。当時は文系か理系かの選択しかできず、学部は大学当局に決められた

彼らは当然この暴露・批判運動のリーダー役となったが、何よりも重要だったのは、かつて共産党政権の中枢と知識界の中心に身をおいた彼らだからこそ知り得た、毛沢東政治の内幕と真相が、次から次へと暴かれたことである。

そして、それらの一連の暴露と批判は、地方から北京大学にやってきた私のような田舎育ちの者にとって、かつて「毛主席の小戦士」であったこの自分にとって、まさに驚天動地の連続であった。

真実の暴露によって、毛沢東という独裁者は、「日々人民の幸福を願って人民に幸福をもたらそうとする慈悲の救世主」でもなんでもないことが、はっきりと分かってきた。それどころか彼は、自分の権力を守ることのみに執念を燃やし、そのためにどのような悪事でも平気でやり通す、正真正銘の権力亡者であった。

共産党の最高領袖となって以来、自らの地位と権力を守るために、彼は次から次へと凄まじい政治闘争を起こし、自らの同志や部下や腹心を、次から次へと死に追いやった。

Aという党内実力者を使って、Bという政敵を倒した後、次にはCという人を使って、Aを葬ってしまうのは、彼の一貫した汚い手法であった。

共産党の高級幹部なら、いったん毛沢東から「潜在的脅威」だと認定されたり、あるいはほんのわずかな失言などで、毛沢東から猜疑《さいぎ》されたりすれば、本人とその家族に待っているのは死のみであることは、共産党内部で周知の「秘密」であった。まさに独裁恐怖政治そのものである。

さらに悪質なことに、自らの独裁権力を守りその政治目的を達成するためには、国家の安定や国民の幸福など、彼の眼中にはまったくないのであった。

一九五九年、毛沢東の推進した急進的な経済政策の過ちによって、全国が深刻な食糧不足に陥った時、政治局員で国防相の彭徳懐《ほうとくかい》が彼に手紙を出して、言葉を選びながら、彼の経済政策に対する素朴な疑問を呈して、その再考を求めた。

しかし毛沢東からみれば、経済政策の是非よりも、部下の政治局員が自分の政策に対して疑念を呈したこと自体が、すでに許せない大罪であった。そして彭徳懐が国防相であった点も引っかかった。毛沢東の目には、それがまさに軍部における不穏《ふおん》な動きだと映った。

当然、誰よりも権力闘争に敏感な毛沢東は、素早く動いた。

その結果、彭徳懐と彼に同調する数名の幹部はあっという間に「彭徳懐反党集団」だと断罪されて、政治的に葬られたのである。

そこまでは共産党政権内に付き物の政治闘争であって、別にどうでもよかったが、問題はそれからであった。

自分自身の推進してきた経済政策に疑問を呈した彭徳懐を、政治的に打倒した以上、毛沢東にとり、けっしてこの経済政策の失敗は認められない。むしろその逆で、彭徳懐の打倒を正当化するために、彼はいっそう力を入れてこの経済政策の「正しさ」を主張し、その「貫徹」を全国に命じたのだ。

その時、飢饉《ききん》の発生がすでに全国に迫り現実のものとなっていて、劉少奇《りゅうしょうき》などによって、その危険性がすでに党主席の毛沢東に報告されていた。

にもかかわらず、政治闘争における自らの立場を守るために、毛沢東はそれを一切無視した。飢饉を警告した劉少奇などを厳しく叱った上で、飢饉の到来をいっそう加速させるような方向へと、自らの誤った経済政策を強行した。その結果、数千万人の餓死者を出す中華人民共和国史上最大の飢饉が、現実に起きたのである。

結局、毛沢東という権力者一人の猜疑心と権力欲のために、数千万人の国民が飢え死にし、全国の人民は数年間にわたって、空腹に耐える生活を強いられた。まさに毛沢東のしでかした世紀の犯罪である。

しかし、毛沢東の犯罪は、その程度のものにとどまらなかった。

文化大革命という一大博打

大躍進運動と呼ばれた前述の経済政策は、数千万人の餓死者を出して、結局失敗に終わった。

それ以来、特に経済運営の面において、毛沢東の威信が完全に失墜し、人望が徐々に劉少奇や鄧小平を中心とする党内実務派に集まった。権力亡者の毛沢東にとって、それは当然、許せなかった。

数年間の「潜伏期」を経てから、彼は今度、劉少奇・鄧小平ラインを自らの権力を脅かす最大の政敵だとして、その打倒を企《たくら》んだ。しかし、それは一政治局員の彭徳懐を打倒した時ほど容易なことではなかった。

劉少奇はその時すでに、中国の「国家主席」の地位に登っていた。政務運営の実権を握り、党の組織を自らの信頼する実務派幹部によって固めていた。逆に毛沢東の方は、実務派幹部たちによって、「敬遠」されて共産党内で浮いた存在となっていた。

そこで毛沢東は、なりふり構わず一大博打に打って出た。

「文化大革命」と称する群衆運動の発動である。紅衛兵《こうえいへい》・労働者を中核とする現状不満の大衆を動員して、「下からの造反《ぞうはん》」を起こすことによって、劉少奇の政治基盤である実務派幹部を一掃する、という破天荒《はてんこう》なやり方である。

このような「大革命」が断行された結果、毛沢東の政治目的は見事に達成された。毛沢東の呼び掛けに応じて、全国の紅衛兵や「造反派」が、いっせいに立ち上がると、党内実務派の政治勢力はたちまち崩壊した。政権内におけるいかなる反対勢力・不満分子も完全に排除され、毛沢東自身の絶対なる政治的権威が再び樹立された。

しかしその一方、この「大革命」のもたらした政治動乱に巻き込まれ、十年間の苦しみを味わわなければならなかったのは、中国全土の国民であった。

一九九六年に中国共産党の党史出版社より出版された『「文化大革命」簡史』は、この「大革命」の実態について、冒頭からこう述べている。「一九六六年に発生した〝文化大革命〟は、まるで突然襲来した台風のように中国の大地を席巻《せっけん》し、中国人民を十年あまりの長きにわたる大災禍の中へと、導いていった」。

そして、この十年間にわたる「大災禍」において、「私設の裁判が行われ、拷問による自白強要、勝手気ままな逮捕、密告の奨励、違法な拘禁、捜査、虐殺がごく当たり前の現象となり、人々の生命、財産は保障されなくなり、自殺と家族の離散に追い込まれた人も多くいた」とも記述している。

それでは、このような酷い目に遭わせられた中国人は、一体どれほどいたかということになると、前述の書籍は、「程度の差こそあれ、少なくとも一億人以上の国民が何らかの政治的迫害を受けただろう」と推測した。同書は共産党の党史出版社から刊行された歴史書でもあるから、この「一億人」という数字は、単なる憶測ではないはずだ。

拷問、投獄、処刑……が十年間

それなら、一億人以上の国民が受けたところの「政治的迫害」とは一体何だったのか。実はこの書籍の出版を待たなくても、その実態が一九八〇年代初頭にはすでに明らかにされていた。

当時、何の罪もない人々に対する残酷無道の拷問、投獄と処刑は日常茶飯事であった。無数の知識人や一般国民を自殺や家庭崩壊に追いやった密告と中傷キャンペーンが、全国で展開されていた。

学校の先生やお寺の坊さん、尼さんを縛り上げて町中を引き回した後に、頭から尿をかけるのが、紅衛兵たちにとってのほんの憂《う》さ晴らしであった。勝手に人の家に侵入して、家族全員を路頭に追い出してその全財産を「没収」するのは、「造反派」たちのもっとも得意とする「儲け方」であった。

ある百万人都市では、数千人の人々が一夜にして「反革命分子」だと認定された後に、全員郊外へ連行されて生き埋めにされた。

ある地方の村に住む三世帯の元地主が、地主だったというそれだけの理由で家族全員が村の集会場に引きずられていき、「批判大会」を開かれた上で、老若男女問わずその場で天秤棒で叩き殺された。

十年間の長きにわたって、そういったことが一日も中断することなく日常的に行われ、中国全土はまさに阿鼻叫喚《あびきょうかん》の無間《むげん》地獄と化していた。

しかし中国の国民がそれほど酷い目に遭わせられたのも、別に何らかのやむを得ない理由があったわけではない。ただ一人、毛沢東という権力亡者のために、国家と国民全体がその政治闘争の道具にされただけの話である。毛沢東という独裁者の個人的威信再建のために、億単位の中国人がこの阿鼻叫喚の無間地獄に陥らなければならなかった。億単位の中国人が、家族を惨殺されたり、家族との離散を余儀なくさせられたりする苦しみを体験しなければならなかった。

そして、すべての中国人民は、十年間にわたって恐怖に怯えながら、食うや食わずの貧困生活を強いられていた。すべては、毛沢東一人の政治闘争ゲームのためであった。

自らの権力欲を満たすために、民族全体に「前代未聞の大災禍」をもたらすことも辞さない、国家全体を無法と無惨の大動乱に陥れても構わない、無数の国民の命を奪い、無数の家族の幸福を台なしにしても顔色一つ変えない、というのが、まさに毛沢東という非人間的権力者の恐ろしい正体であった。

ゴミ拾いのお婆さんが「反革命分子」に

北京大学に入った最初の年に、毛沢東と彼の政治にかんするそれらの真実を知った時、私は今までの人生の中で最大のショックに打ちのめされた状況だった。

最初はもちろん、絶対信じたくはなかった。私は小柄であるにもかかわらず、「毛主席の悪口を言うやつ」に対しては、何度も食ってかかって、殴り合いの喧嘩をした。しかし、徐々に信じざるを得なくなった。示された根拠は、あまりにも説得力のあるものであり、被害者とその家族たちの訴えは、あまりにも切実であった。

大学の学生寮で同じ部屋に住むC君、彼のお祖父さんが無実の罪で処刑されたのも、お父さんが無実の密告で自殺に追い込まれたのも、お母さんが気が狂って精神病院に入っていることも、C君自身は帰る家もなく、夏休みも冬休みもずっとこの学生寮で暮らしていることも、紛れもない事実であった。

そういえば、子供の時代に身近で見た恐ろしい出来事の一つを、その時に思い出した。成都の中学校に入ってからのことだった。近所にお婆さんが一人で住んでいて、ゴミを拾って生活していた。天気の良い日はいつも街角に一人で座って太陽の光を浴び、学校の帰りに通りかかる私たち子供にいつも笑顔で、「お疲れさん、勉強頑張ってね」と声をかけてくれた。

しかしある日突然、お婆さんが消えた。大人たちの話によると、彼女は「反革命分子」として逮捕されたという。

一人のゴミ拾いのお婆さんがどうして「反革命分子」なのかというと、実は彼女はある日、毛主席の顔写真を印刷した新聞紙を使って、ゴミ捨て場から拾った大根を包んだのだが、それが「反毛主席」の大罪に問われたというわけである。

そして数日後、このお婆さんはトラックに乗せられて、町中を一巡して市民たちに見せつけられた後に、処刑場へ引きずり出され、銃殺されたのである。

当時の大人たちが、この一件でショックを受けた私たち子供に、どのような説明をしたのか、もう覚えていない。しかし、その時の自分もやはり、たとえ笑顔の絶えない一人のやさしそうなお婆さんであっても、「反毛主席」となれば当然殺してもよい悪人であるに違いない、と思っていたのではないか。

後になって思えば、それこそが自分自身が実際に見た、その時代の毛沢東政治の実態を表す典型的な一例であった。毛沢東政治の狂気と残虐性は、やはり疑問を挟む余地のない真実なのだ。

毛沢東の肖像をズタズタに

しかし、これらを真実として信じることは、あまりにも大きな精神的苦痛であった。物心がついた時から、毛主席こそはもっとも敬愛すべき、「人民の救い主」だと信じてきたのだから。

この毛主席に対し、僕自身がその「小戦士」の一人として、数え切れないほど忠誠を誓ってきたのではなかったか。この毛主席を領袖としていただくわれわれの社会主義中国は、まさに太陽の光に満ちた人間の楽園だと思い込んできたのではなかったか。

しかし、それらは全部、真っ赤な大ウソであった。真実はまったくその反対であった。「救い主」とは何だ。「楽園」とは何だ。僕たちの祖国、僕たちの同胞はまさに、人類史上まれに見る生き地獄に陥って、ありとあらゆる苦しみを嘗《な》め尽くしたのではないか。全国の人民をこのような地獄へと陥れた極悪の元凶は、ほかならぬこの「敬愛すべき毛主席」ではなかったのか。彼こそ、中国史上の暴君たちの中でも、もっとも悪質にして、もっとも残酷無道の政治的犯罪者ではないのか。彼こそ、変態的権力者の見本ともいうべき、血も涙も人間性のかけらもない、狂気の怪物ではないのか。

僕たちは完全に騙された。

人生の中で、もっとも純粋な心を持った時代、もっとも美しい夢に憧れていた時代、そのような人生のかけがえのない時代において、この世界中でもっとも汚くて、もっとも無恥極まりないウソに騙され続けてきたのだ。

そして、暗黒の真実に目覚めた時、すべてが崩れた。夢が砕かれて希望を失い、周りの世界のすべてが一夜にして色を変えて、真っ暗になった。

もはや、何も信じることができない。もはや、少年時代の出来事の何一つ思い出したくはない。今までの自分の人生のすべてを、爆弾で全部吹き飛ばして、完全に消してしまいたい、という気持ちだった。

そして、毛沢東の肖像を何度もずたずたに引き裂いて、両足で力一杯踏みつけた。夜に一人、大学構内の雑木林の中に入って、気が狂ったように、木を蹴ったり揺すったりして、やり場のない憤りをぶつけた。天に向かって「馬鹿やろう！」「くそ！」と大きな声で叫んだ。

今まで純粋に信じてきたこと、今まで培ってきた社会と国家という大人の世界への信頼、今まで自分の心を作り上げてきた世界観そのものが、一度に音を立てて完全に崩れることは、まだ十九歳の自分には、あまりにも過酷な精神的体験であった。

一党独裁政治こそ悪の根源

このような苦しみを味わったのは、もちろん、自分だけではない。程度の差こそあれ、周りの同級生たちも皆、このような心の受難と試練を味わった。そして皆で一緒に語り合って、励まし合うようになった。学生寮の狭い部屋の中で、安い酒で一緒に飲みつぶれて、一緒に涙を流した。その中から、われわれの世代の独特の連帯感と絆が生まれてきた。後の天安門民主化運動は、まさにこのような連帯感を基盤にしていたのだが、その時の自分たちにとって、この仲間同士の絆・連帯感こそ、発狂状態に陥る寸前の唯一の心の支えであり、未来への希望が芽生える最後の拠り所であった。そこから、自分たちはやがて、精神的崩壊より立ち上がることができたのである。

いったん立ち上がると、私たちは一回り成熟していた。すでに崩壊した自分自身の精神的世界を、自分自身の手で再建しようとした。そして今までの苦しい体験をバネにして、「懐疑の精神」というものを身につけていた。

教科書に対しても、『人民日報』に対しても、党と政府の公式発表や指導者たちの談話に対しても、この中国で流布《るふ》されているすべての言説に対してまず一度懐疑の目で見てみて、自分たちの理性に基づき、それを徹底的に検証していくという精神である。懐疑と理性による検証を経ていないものは決して信用しない、という断固たる決意である。

このように一度冷静になって、自分自身の頭で問題を考えていくと、今まで憤りのすべてを毛沢東一人にぶつけてきた私たちは、それは果たして毛沢東という一人の人間だけの問題だったのか、と思うようになった。

確かに、彼は自らの権力欲だけに生きた権力亡者であり、権力の恣意《しい》なる乱用者であり、そして自分一人の権力欲のために、国家と人民を地獄へと陥れた。

しかし、国家と人民がなす術もなく、彼という一人の人間の横暴と狂気を十数年も許してきたのは、一体何故なのだろうか。彼による恣意的な権力乱用と、あからさまな犯罪を誰も止めることができなかったのは、一体何故なのだろうか。そもそも、その死去までの二十七年間、この史上最悪の変態権力者を、「人民の偉大なる領袖」として戴いた中華人民共和国とは、一体何だったのだろうか。

この問題を煎《せん》じ詰めて考えていくと、結局、毛沢東自身の権力基盤である中国共産党の一党独裁の政治体制そのものが、問題の根源であることに気がついた。

そう、そういうことなのだ。毛沢東は、このような一党独裁体制の頂点に立っていたからこそ、国家と人民の上に君臨して、その運命を思うままに支配することができたのだ。人民の権利を完全に剥奪し、言論の自由を完全に封じ込めた独裁体制があるからこそ、毛沢東は誰からも「邪魔」されずに、数々の政治的犯罪を徹底的にやり遂げられた。

共産党が国家権力のすべてを独占しているからこそ、党主席としての毛沢東は、国家そのものを私物化して、自らの権力闘争の道具にすることができた。

一言でいえば、暴君としての毛沢東は、確かに悪だが、毛沢東という暴君を生み出し、その恣意的な権力乱用を可能にした共産党の一党独裁体制は、さらに悪、ということになる。

　だとすれば、毛沢東のような暴君が、二度と現れてこないようにするためにも、国家と人民が二度と生き地獄に陥ることがないようにするためにも、こうした一党独裁の政治体制を打破し、国家の法制を整備して、人民に民主主義的権利を与えなければならない。

　それがすなわち、私たちの世代の若者たちが、心から信じた政治改革の目的であり、民主化運動の理念であった。

　天安門事件に至るまでの民主化運動は、まさにこのような徹底した反省と、断固たる理念の確立から出発したものである。

　そして、八〇年代前半からこの天安門事件までの歳月は、私たちの世代にとって、まさにこの国において体験した、もっとも輝かしい黄金の時代であった。

「この国のために人生を捧げよう」

　一度陥った精神的崩壊状態のどん底から立ち上がった私たちは、心の再生の喜びに満ちていた。理念を確立し、信じるべき道を定めたことによって、並々ならぬ自信に満ちていていた。この国がきっと生まれ変わって、素晴らしい国になるだろうと、未来への希望に満ちていた。

もちろん、自分たちの世代こそ、この新しい国づくりの先兵として、新しい時代を切り開くべきではないか、という熱い使命感にも燃えていた。私たちは、地平線から昇ってきたばかりの輝く朝日を迎えようとするかのように、両手を開いて、胸を開いて、この新しい時代を迎えようとしていたのである。八〇年代は、われわれの時代であった。

今から思えば、私自身、その時ほどこの国に生まれてよかったと感じた時代は、ほかにはない。その時ほど、この国を熱烈に愛した時代は、ほかにはない。その時ほど、この国の明るい未来を信じた時代は、ほかにはない。その時ほど、この国のために人生を捧げようと真剣に思った時代は、ほかにはなかったのである。

今ではそれは、すでに夢のような昔のこととなった。

三十年の歳月が流れ去り、中国自体が大きく変貌して、自分は今、隣の国、日本にいる。しかし時々、自分一人でもこの遠い日本の地から、三十年前にあったあの素晴らしい時代に向かって、三十年前には希望の大地であったわが祖国に向かって、「一九八〇年代、万歳！」『わが青春、万歳！』と叫びたい気持ちになるのである。

酒を片手に啓蒙活動

このような時代に生きた当時の私たちは当然、民主化運動の推進に、青春の情熱のすべてを傾けていた。

私自身も、大学の三年生あたりから勉強を程々にして、手作りの民主化運動に没頭していた。生意気な文体で、民主化を訴えるビラを何枚も何枚も書いてあちこちに配った。哲学部の学生だったから、ルソーやロックやアメリカ独立宣言などから新鮮な(?)ネタを仕入れて、「自由」と「民主」にかんする「一大論文」も書き上げた。

晩ご飯の後に、仲間たちと食堂にそのまま居座って、あるいは庭の芝生の上に胡座《あぐら》をかいて、「民主主義国家建設の設計」などについて、文字通りの「書生論」を熱く交わした。ほかの大学のグループとの共同勉強会にもよく顔を出して、連帯の輪を広げていった。

こうした中で学生生活の終わりを迎えた私は、大学卒業後、地元四川省の大学に就職して、助手となった。つまり、教授や講師を補佐して、大学生たちを「指導」する立場になったわけである。

自分にとっては、それこそ、「民主主義理念の啓蒙《けいもう》」を思う存分やる絶好の機会であった。教室ではできないことだが、週末の晩、助手の安い給料をやりくりして、白酒《パイチュウ》（中国風焼酎）一本と鶏の丸焼き一羽を自由市場で買って、大学生たちの寮へよく行った。一緒に飲み食いしながら、彼らを「啓蒙」するのが目的だった。自分の担当のクラスだけでなく、彼らの紹介で別のクラスの連中の部屋へも行った。一年ぐらい経つうちに、学生寮一棟のうち、約半分の部屋を回った。

1986年、四川大学の助手をしていた頃。四川省にある名山、峨眉山で。山登りが好きだった

　そういった「秘密活動」は、教授や講師の耳にも入っていたが、もちろん、容認してくれた。ただし教授からは、「気をつけてよ、（大学の）党委員会に知れたら、まずいからね」と助言を受けた。

　最初は、党委員会など気にもしなかったが、やがて教授の不安は的中してしまった。ある日突然、自分が教授と一緒に学部の共産党支部に呼ばれて、支部長から「厳重注意」を受けたのだ。

「助手の立場を利用して、党の方針に背いた煽動活動をするのは許せない」というのだ。

その時の「党の方針」といえば、要するに鄧小平の方針であった。

「上からの改革」は着々とやっているが、「下からの革命」はけっして許さない。「政治改革」と口では言いながらも、共産党の一党独裁体制の否定に繋がるような民主化運動に強い警戒感を持っていた。いわゆる「政治改革」とは、単なる飾り物であった。

しかし、その時の自分たちには、そうした政治的「機微」が分からなかった。

毛沢東の暴政を憎み、その再来を防ぐためには、一党独裁の体制を打破しなければならないと考えていたが、鄧小平に対してはむしろ、尊敬の念と好意を抱き、彼の改革路線を諸手《もろて》を上げて支持した。鄧小平の率いる共産党を敵視する気持ちはあまりなかった。むしろ、共産党自体の変革に期待を寄せていて、一緒に良い国を作っていけばいいじゃないか、と考えていた。

もちろん、それがあまりにも幼稚な考えであったことは、後になって思い知らされたわけである。

とにかく当時、助手としてやっている「煽動活動」が党の支部に「厳重注意」されると、周りの環境が一変した。

教授からは「君のやっている活動は理解できるが、僕の立場もあるから、やめてくれないか。その代わりに君には才能があるから、もっと研究に専念してほしい」と諭《さと》されたし、同じように「厳重注意」された学生たちは、私から遠ざかるようになった。私の活動は完全に封じ込められたのである。

運命を変えた日本からの手紙

その時から、苦悩の日々が続いた。一時は、大学を辞めて北京に戻り、仲間たちと一緒に、運動に専念しようかとも思った。しかしその時代の中国では、自らの「転職」はまったく許されておらず、公職をいったん辞めれば、路頭に迷うしかない。やむを得ず学校にとどまった。

しばらくして、北京で政変が起こった。若者たちの民主化運動に対して一定の理解を示し、共産党内の開明派の代表格でもあった、党総書記の胡耀邦《こようほう》が解任されたのだ。それによって、民主化運動も大きな打撃を受けて低調期に入った。

本当に気持ちが暗くなる時期であった。北京を中心とする民主化運動の動向をイライラして見守りながら、学問の研究に没頭するしかなかった。そんな時に、私は講師に昇進することができた。

そして、私自身の運命を変える一通の手紙が日本という国から舞い込んだのは、そんな時期であった。

それは、大学時代に一緒に理想と志を語り合った親友王《ワン》君からであった。彼は理科系だったから、大学卒業後はすぐ政府派遣の留学生として日本へ渡った。それ以来、断続的に手紙の往来はあったが、祖国を離れてから三年目、私に手紙を寄せて「日本に留学に来ないか」と誘ってくれたのだ。「身元保証人と最初の半年の費用を用意するから、留学したいなら協力する」と。

大学での「煽動活動」を封じ込められて、憂鬱《ゆううつ》な日々を送っていた私は心が動いた。それに、アジアの中でどうして日本だけが近代化に成功できたのか、という問題に以前から興味をもっていた。また、民主化を志す者として、実際の民主主義国家とは一体どういうものであるかを、自分の目で見てみたかった。

そして、日本への留学を決意した。

アルバイトをしながら日本語学校に通っていた頃。京都にある太秦映画村にて、初めて日本の武士と遭遇

短期留学のつもりで、二～三年ほど日本で勉強して戻ろうと考えていた。何を勉強するかも決めていなかったが、とにかく一度行ってみようと思った。

その時の私には、それから十八年の後、自分が千葉県の、とある公団住宅の一室でこのような原稿を書こうとは、夢にも思っていなかった。

語ることのできない「あの事件」

とにかく日本に来た。一九八八年の春である。最初は、居酒屋で皿洗いのアルバイトをしながら大阪の日本語学校に通い、「あいうえお」から勉強した。そして一年後の一九八九年、神戸大学大学院の修士課程に進学した。

大学院に入ったのは、この年の四月であったが、ちょうど指導教官のゼミが始まったその日の四月十五日に、衝撃のニュースが祖国から伝わった。民主化運動に理解を示した、胡耀邦前総書記の死去である。

そして彼の死をきっかけに、いったんは低調になった国内の民主化運動が、一気に蘇って爆発しそうな勢いとなった。

国内の動向はすぐさま、電話や手紙など多くのルートを通じて、詳しく伝わってきた。北京の仲間たちから、「今度こそ、いっせいに立ち上がって長年の夢を実現するぞ。一緒に頑張れよ」との檄文が寄せられてきた。私も当然、座ってはいられない。すぐさま行動しなければならないと思った。

幸い、神戸大や同じ近畿地方の大阪大、京都大にも、同じ理想と志を持つ中国人留学生の仲間が多くいた。しかもそのほとんどは、自分と同じように、八〇年代前半に中国国内の大学に入って、民主化運動に参加した者である。話は早い。あっという間に、京阪神横断の連帯組織が出来上がり、外国の日本において、国内の民主化運動と呼応しながら、その一翼を担う活動を開始した。

時に、一九八九年の春のことである。八〇年代を通して展開して生きた私たちの民主化

天安門事件当日の1989年6月4日、大阪中国領事館前で、事件への抗議の声を上げた。ナチスの帽子をかぶった李鵬の似顔絵を描いたのは私

運動は、いよいよ、そのクライマックスを迎えようとしていた。そしてそれはまた、「血の日曜日」として世界を震撼《しんかん》させた、あの悲惨な「天安門事件」の前夜でもあった。

そして一九八九年六月四日、あの運命の日がやってきた。

この日に、歓喜と希望のクライマックスに達した直後に、私たちは地獄を見た。私たちの理想と情熱と夢は、多くの同志たちの骨肉とともに、人民解放軍の戦車の下敷きになって、粉々に踏みにじられたのである。

この事件の前後のことについて、その時の自分の体験と思いについて、私はもはや、ここで語る気がしない。おそらく一生、それを公の場で語ることは、絶対ないと思う。あの日に、鄧小平の兇弾に倒れて、若い生命と青春の夢を無惨に奪われたのは、自分たちの同志であり、自分たちの仲間なのだ。後で知ったことだが、自分がかつて一緒に飲んで、一緒に語り合ったことのある仲間の数名が、その犠牲者のリストに含まれていた。

彼らはかつて、私の目の前に座って、私に向かって夢と理想を語り、私に青春の笑顔の明るさと、男同士の握手の力強さを感じさせた。彼らは確かに生きて、存在していた。

そしてあの日突然、彼らは殺された。

彼らは死んだ！　何の罪もないのに、素晴らしい理想に燃えていたのに、祖国への熱い思いを胸一杯に抱いていたのに、彼らは殺されたのである。

私は今でも、彼らの名前も、出身地も、当時の学年も、所属学科も、全部はっきりと覚えている。しかし唯一、彼らの顔はどうしても思い出せない。どう頑張っても、思い出せないのである。

おそらく、私の無意識の中の「自己」が、それを思い出させないのだ。彼らの顔に向き合うと、自分の精神が持たなくなるからだろう。

それは、私という人間が永遠に自分自身の精神の一番奥に閉じこめておくべき、悔恨の記憶である。死ぬまで触れてはいけない心の傷跡なのだ。少しでも触れてしまうと、血が止まらないと思う。

だから、もうこれ以上は語りたくない。

ここで言っておきたいのは、ただ次のようなことである。

中国は共産党の「道具」

この事件を一つの転機にして、私自身は、中華人民共和国という国、そしてそれを牛耳る中国共産党という政党に対して、ついにいっさいの愛想をつかして、完全に絶望した、完全に幻滅した、ということである。

その七、八年前に、毛沢東時代のウソの洗脳教育から覚《さ》めた時、それでも自分たちは決して幻滅はしなかった。子供の時代からずっと騙され続けてきても、やはり鄧小平たちを信じていたし、共産党に対する最後の信頼と期待を捨ててはいなかった。

万悪の根源は毛沢東と、毛沢東を生み出した一党独裁の歪《いびつ》な体制にあるとは考えていたが、鄧小平と、彼の率いる党内良識派、改革派の出現によって、共産党も生まれ変わっていくだろうと思っていた。改革と、民主化運動の推進によって、政治体制は根本的に改良されていくと、信じて疑わなかった。

自分の生まれ育った、中華人民共和国に対しても愛着を持っていた。中華人民共和国といえばそれは当然、「自分たちの国」だと思い、北京にある政府も当然、「われわれの政府」だと認識していた。

私たちは、別に共産党を敵視していたわけではない。中華人民共和国を潰そうとは、つゆほども思っていなかった。私たちはただ、民主主義の理念をこの国で実現させたい、この国を良くしていきたい、と思っていただけである。

しかし、それは許されなかった。

民主主義の理念と民主化運動が、一瞬でも共産党の独裁体制を脅かすような事態になると、鄧小平も政権党もすぐさまその本性を剝き出しにした。

共産党は毛沢東暴政時代の共産党と何も変わらない、暴虐な怪物に戻ったのである。

そして、毛沢東時代ですら見たことのない恐ろしい光景が現実のものとなった。共産党が、中華人民共和国政府が、兵隊と戦車を出動させて自らの首都を「占領」し、丸腰の学生や市民に手当たり次第に銃撃を浴びせ、次から次へと倒していった。

そこにはもはや血も涙もない、主義も哲学もない、法律も道理もない。あるのはただ、共産党が自らの独占的権力を何としても守りたい、という赤裸々な党利党略と、そのためには、手段を選ばない卑劣さと残酷さであった。

その時になって初めて、毛沢東の作った共産党は、毛沢東そのものと何ら変わらないことを知った。少年時代に毛沢東の洗脳教育に一度騙された私たちは、もう一度騙されて、裏切られた。

鄧小平の改革も、単なる共産党の独裁体制を維持していくための、一つの手段に過ぎない。共産党が共産党である以上、その独占的権力を手放すことは絶対にない。中華人民共和国というものも所詮、共産党の政治的道具以外の何ものでもない。だからこそ、この党とこの国の政府は、この国のことを本当に愛し、本当に思う青年たちを、この国でもっとも純粋で、もっとも愛すべき若い生命を、何の慈悲もなく無差別に虐殺することができたのだ。

ここまできて、私自身は完全に目が覚めた。自分の心の中で、中国共産党と中華人民共和国に決別を告げたのである。

この党利党略の塊である虐殺者の政党には、もはや用がない。もはや何も期待できない。

早く潰れてしまえ、と言いたいだけである。

この中華人民共和国にも、もはや用がない。何の愛着も義理もない。共産党の党利党略のための道具と成り下がったこの「共和国」は、もはや「私たちの国」ではない。それはただの「北京政府」であって、ただの「あの国」となったのだ。

今から思えば、一九八九年六月四日という日は、私にとってまさに人生の生まれ変わりの日であった。青春時代の理想と思いは、胸の一番奥に葬られ、情熱が心の中から消え去った。「あの国」に精神的決別を告げることによって、心の平静さを取り戻すことはできたが、その反面、いわば政治的ニヒリストとなり、一種のしらけた、冷笑的な精神を持つようになった。

そしてそれから長い間、この日本の地から「あの国」で起きていることを冷めた目で眺めていた。

それが私と中国との関係のすべてであった。

第2章

いかにして「反日」はつくられるのか

帰国して驚いた中国人民の「日本憎し」

「天安門事件」の数カ月後、大学院修士課程一年生の後半に入ってから、精神的平静さを徐々に取り戻すにつれ、私はようやく勉学に専念できるようになった。

今から思えば、この年から一九九五年に大学院博士課程を修了するまでの六年間は、実に充実し、かつ快適な留学生生活だった。

修士課程の二年生から、日本の文部省より多額の国費奨学金をいただくことになった。日本国民の税金のお陰で、まず生活上の心配がなくなったのである。

私が留学していた大学と、その地元の自治体は、留学生の受け入れと支援に非常に力を入れていて、普通の市民たちの間でも、留学生支援のためのさまざまなボランティア活動が盛んであった。留学生の身でありながらお客として迎えられたような雰囲気で、同じゼミの日本人院生たちと比べても、ずっと恵まれた環境の中で勉強生活を送っていた。

何よりも感激したのは、周りの多くの日本人たちのやさしさである。大学院の指導教官から、ボランティアの世話焼きおばちゃんまで、心の温かい人ばかりであった。毎日の生活の中で実に多くの日本人にお世話になり、多くのやさしい心に触れた。
こうなると、日本人と日本の生活環境にも、ごく自然にとけ込んでいくものである。

1990年3月、皇居のお濠前にて。日本人のやさしさに触れ、日本の生活に溶け込んでいった頃

時々、「外人」という言葉を耳にしたが、それはもっぱら、金髪の連中を指す言葉だと思い込んでおり、実は自分も「外人」の類いに属する者であることをまったく忘れていた。付き合っている一人一人の日本人に対しても、相手が鈴木さんか、田中さんかは意識していても、その人が「日本人」であるとは、あまり意識しなくなった。

それ以来ずっと、日本は本当に素晴らしい国であると、思うようになった。

その一方、祖国の中国との関係は、遠ざかったままであった。

「天安門事件」の時、私自身は神戸地域の、中国人留学生の民主化運動組織における主要幹部の一人でもあったから、事件後の数年間は一時帰国するのも躊躇《ちゅうちょ》した。

結局、親族の顔を見たさに一九九二年になって初めて帰国したが、その時には実際、公安部門に呼び出されて、さんざん「尋問」を受けた。こういうことがあったから、それからさらに数年間、一度も国へ帰ろうとはしなかった。

中国へ頻繁に帰るようになったのは、一九九七年以後である。自分の勤めていた民間研究機関は、中国国内の大学や研究所と色々な学術的交流を進めることになったから、北京などへの出張が多くなった。

しかしその時に私の見た中国は、すでに八〇年代の、あの記憶の中の中国とは全然違っていた。まさに隔世《かくせい》の感があった。経済が発展して人々の生活が以前より豊かになった反面、社会的雰囲気も人々の考え方も一変した。

人々は道徳心と良識を失い、ひたすら節度のない汚い拝金主義に走っていた。

そして、共産党の独裁体制は旧態依然《きゅうたいいぜん》とし、汚職と腐敗が疫病のように蔓延し、貧富の格差が拡大し、人々の不満が驚くほどの危険水域に達した観があった。表面上の経済的繁栄とは裏腹に、社会全体はどこか、「世紀末」の様相を呈していたのである。

その一方、日本から帰ってきた一人の元留学生として、私が特に衝撃を受けたのは、反日感情が、これほどまでに中国社会に蔓延しているのか、という意外な事実であった。国内で会った中国人たちが、日本のことを口にする時、誰もが憎しみの感情を剝き出しにし、軽蔑と敵視の態度を露《あらわ》にしていることに、私はただただ、驚くばかりだった。わが中国人民は、いつの間にそこまで「反日」になったのだろうか。帰国するたびに、私は戸惑いと驚愕を感じざるを得なかった。

「原子爆弾で日本を滅ぼせ」

中国でよく出会ったのは、たとえば、次のような場面である。

食事会とかの社交の場や友人同士の集まりなどで、私という「日本帰り」が同席していると、必ず一度は話題が「小日本」のことに移っていく。

たいていの場合、私に対する質問から話が始まる。「日本での生活はどうですか、たいへんでしょう」「日本人によく虐められているのでしょうか」「留学生は皆、小日本のことを憎んでいるのでしょうね」といった質問が、まず飛んでくる。

答えに窮した私の顔を見て、皆は物わかりのよい微笑みを浮かべながら視線をそらして、「質問攻め」を打ち切る。が、今度は彼らの間で、日本への罵倒合戦が炸裂するのである。

「あんな国、絶対許せないわ。昔から悪いことばかりやっている」と、Aさんは憤懣《ふんまん》する。

「そうだよね。侵略戦争で、どれほどの中国人を殺したか」と、Bさんが相槌《あいづち》を打つ。

「だから俺が前から言っているさぁ。原子爆弾でも何発か使って、日本を地球上から抹殺すべきだ」と、C君は興奮して言い放つ。

「原子爆弾だけではダメだ。恨みを晴らすには、やはり一人ずつ殺した方がいい。今度、東京大虐殺をする時、俺の腕前を見せてやるぜ」と言いながら、D君は片手で人の首を切る仕草をしている。

「しかしね、日本人というのはそもそも進化が遅れている人種じゃないかしら。半分は人間で半分は豚なのね。やはり人類進化の不良品だわ」と、Eさんが皮肉たっぷりの「珍説」を展開する。

「そうしたらさ、今度日本に攻め込んで全員殺した後に、日本をそのまま、中国人のための養豚場にしようじゃないか」と、D君がわざと真面目な顔をして「提案」する。

それで皆はいっせいに爆笑して、この場の「日本談義」が熱気に包まれながら、そのクライマックスを迎えるのである。

このような場面に立ち会わされると、彼らの「熱気」と「殺気」に圧倒されて、私はいつも黙って聞くだけである。我慢して嵐の過ぎ去るのを待つしかなかった。

しかし一度だけ、勇気を出して聞き返したことがある。

「あのー、皆さんはどうしてそこまで日本のことを憎んでいるのでしょうか」と。

そうすると、皆はいっせいに黙ってしまい、狐にでもつままれたような目つきで、私の顔を見つめているのである。

おそらく十数秒の沈黙が続いた後、満座の中の一番の年長者がゆっくりと口を開いたのである。

「どうして憎むかって、君は知らないのか。当たり前のことだよ。抗日戦争中に、日本人は、この国でどれほど無道なことをやったのか、どれほどの中国人を殺したのか。中国人なら日本人を憎まないはずがないじゃないか」と、厳しい口調で語る。

「しかしそれは過去のことで……」と、私は反論を試みようとする。と、その途端、相手の顔色が急変して、雷が落ちたのである。

「過去じゃない。現在だ。現在の日本のことを言っている。日本は軍国主義を復活しているじゃないか。もう一度中国を侵略しようとしているじゃないか。君はどうして分からんのか。君は日本に住んでいるんだろう。どうして真実を見ないのか！」

その年長者の憤りの半分が日本に向かっていて、残りの半分が、実はこの私に向かっていることは、すでに分かっていた。結局その日、口実を作ってさっさと退散したのは私の方であった。

彼らの言っていることを、私はまったく理解できなかった。私がこの目で見た日本の〝真実〟は、むしろその正反対だったからだ。「日本は軍国主義を復活している」というのも、「もう一度中国を侵略しようとしている」というのも、まったくの事実無根である。

過去の戦争において、日本軍のやった「無道」や「殺人」を日本憎しの理由に持ってくる彼らの言い分にも、まったく納得できない。というのも、もし戦争中の日本軍の残虐行為が、こうした日本憎しの感情を作り出した原因であれば、終戦からずっと今日にいたるまで、わが中国人民は日本のことを憎み続けてきたはずである。

しかし、事実は決してそうではなかった。私たちの世代でいえば、子供時代から日本のことをすごく憎んでいたという覚えは、まったくない。

むしろ、大人になってからの八〇年代を通しては、日本に対する憧れと好意が、一種の風潮となり、いわゆる「日中友好」の時代を実際に体験した世代なのである。

八〇年代に存在した温かい対日意識

八〇年代といえば、前章においても述べたように、それは中国にとっての「改革開放」時代であった。経済の立て直しという政権にとっての至上命題を成し遂げるために、鄧小平の「改革開放」路線が強力に推進されてきたが、その成功の決め手となるのは、言うまでもなく、海外からの技術と資金の導入である。

そして「幸い」なことに、中国の隣国には、日本という世界のトップレベルの経済大国、技術大国があった。

当然のごとく、日本は中国の最大の「友好国」にされてしまった。官民を挙げて、日本との交流を全面的に推進することが国策となった。

同じ「東洋人」としての親近感もあって、「日中友好を発展させよう」『日本に学ぼう」が、合言葉として流行っている中、いわば「日中友好」は、その黄金時代を迎えたのである。

その中で、私たち若者を含めた中国国民の大半は、日本に対して「憎しみ」を持つよりも、むしろ多大な好意を寄せて親しみを感じていた。

今でも鮮明に覚えているが、たとえばその時代、日本で活躍していた高倉健、中野良子、栗原小巻などの俳優は、この中国においてもそのまま、「国民的」なアイドルとなっていた。かの伝説の大物歌手・女優の山口百恵といえば、中国人ならその名前を知らない人がほとんどいないというほどの人気だった。

ちなみに高倉健についていえば、私自身は「恨み」さえ持っている。

というのは、彼の出現によって、いわゆる「長身にして無口な男」というのが、一時、中国の若い女性の憧れの「理想的男性像」となった。そのお陰で、「背が低くて口達者」な私のような者は、八〇年代を通して女の子たちから見向きもされなくなったのだ。

これは半分、冗談でもあるが、その時代の中国国民の対日意識と日中関係の雰囲気は、確かに好意に満ちたものであった。

一九八四年三月、当時の中曽根首相が北京訪問中に、日本の首脳として初めて、北京大学を訪問して講演を行ったことがある。

その時、私も四年生として在学中だったが、若者たちは実に温かい気持ちで、この日本の首相の来訪を迎えたことを、今でも覚えている。

彼の来訪に合わせて、日本語学科の学生たちは、全校向けの「日本週間」と称するイベントを開催して、日本のことを色々と宣伝していた。会場に出かけてみると、人が溢れるほどの盛況ぶりであった。ちなみに、私はまさにこのイベントへの参加で、日本に興味をもつようになったのである。

そのイベントの内容は、心からの親近感と好感を込めて、日本のことを熱烈にアピールしたものである。

つまりその時代には、私たち大学生も多くの中国国民も、決して日本を憎んだりなんかしていないし、決して反日感情というものをもっていなかった、ということである。ましてや、日本を「原子爆弾一つで抹殺する」とか、「東京大虐殺を一度やろう」といったような恐ろしいことを、誰も頭に浮かべていなかったはずだ。

だとすれば、ここに問題がある。

私が九〇年代の後半に帰国した時に出会った多くの「反日青年たち」は、自分たちがそれほどまでに日本を憎んでいることの原因が、過去の戦争における日本軍の「無道」や「殺人」にある、と口を揃えて語ったが、もし彼らの言う通りであれば、実は彼らの世代よりも八〇年代の私たちの世代の方が、もっと日本のことを憎んでいてもいいはずではないか。

なぜなら、九〇年代よりも、その十年前の八〇年代のほうが、過去の戦争への記憶がより鮮明で、より強かったはずだからだ。

だが、事実はまったくその反対である。八〇年代の私たちは、日本に対してむしろ好感と親しみをもっていた。それなのに、その十年後の九〇年代後半になると、若者たちと多数の中国人民は、一転して激しい反日感情の虜《とりこ》となっていたのである。

それは一体なぜなのか。

一九九七年以来、帰国するたびに、わが中国人民の日本に対する激しい憎しみの嵐に遭遇し、あたかも日本人の身代わりとなったかのように、日本批判の砲撃に身を曝《さら》された私は、困惑と驚愕の後に、それを真剣に考えるようになったのである。

もちろん、その十年間、日本の中国に対する姿勢には、別に何の変化もない。日本人と日本という国が、中国に対して何らかの悪事を働いた記録は、まったくない。むしろその代わりに、その十年間において、日本はわが中国に対して、たいへんありがたいＯＤＡ援助を毎年莫大な金額で提供し続けてきたのである。

だとすれば、時が八〇年代から九〇年代へと変わってからの、日本に対する、中国人の姿勢と感情の急速な悪化は、その原因がけっして日本にあるのではなく、むしろ中国自身にあるのは、明々白々なことなのである。

その原因は、一体何か。それを探るために、私は中国滞在中には、仕事以外の時間を利用して、日本にかんする中国国内の出版物や、新聞記事などをできるだけ集めて読みあさった。

そして、私の目の前に現れてきたのは、一つの恐ろしいほどの異常な反日宣伝と、反日教育の世界なのであった。

「日本人は生まれながらにして悪魔」

集めてきた資料を、まとめて検証していく作業を何度も繰り返しているうちに、真相が徐々に分かってきた。

中国において、真っ赤な大ウソと悪意の捏造《ねつぞう》を内容とした国家規模の反日宣伝と教育が、一つの統一された主題と台本に基づいて、学界やマスメディアを総動員する形で組織的に行われてきたのである。

それは一体どういうものだったのか。

私が二〇〇二年一月に出版した処女作の『なぜ中国人は日本人を憎むのか』（ＰＨＰ研究所）において、その詳細について詳しく検証したが、ここでは、いくつかの実例を挙げてみる。

上海にある一流大学の研究者は書物を著して、「日本はもっとも危険な軍国主義国家である」と論じ、全書を通して、「野獣」とか「悪魔」といった言葉を乱発して日本批判を行った後に、「野獣はいつの日か必ず人を喰う」との結論に達している。中国人学者による超真面目な「日本野獣説」である。

ある著名なジャーナリストは『野心と密謀』というタイトルの著書において、「日本人は侵略民族」であると断じる。なぜなのかといえば、日本民族は従来、その「島国根性」から生じたところの「残忍な侵略根性」を持っているからだと、彼は言う。

ある政府系研究所の所長先生は、日本人の「偏狭心理」こそ「軍国主義精神の根源」である、との「研究成果」を全国に向けて発表したが、その論文の中で、「このような偏狭心理に支配されている日本民族は、野蛮的・凶暴的・貪欲的となっている」と、学者の口から出たとは思えないほどの、赤裸々な人種差別論を堂々と展開しているのである。

以上はほんの一部の実例であるが、中国で出版された日本関連の書籍を一度読んでみれば、そのほとんどが、まさにこのような偏見と悪意に満ちた独断的な論述を特徴としているのが分かる。

その立論の共通点と言えばすなわち、日本という国、あるいは日本という民族を、生まれつきの「侵略本能」を持つ悪魔のような存在として描くことである。

そして、まさにそれらの尊敬すべき学者先生やジャーナリストたちが発したデタラメな「論述」によって、一つの「偏狭」で「残忍」かつ「野蛮」で「凶暴」な「侵略民族」としての「日本悪魔」の観念が出来上がるのである。

もちろん、そのような「日本悪魔」の観念は、現実の日本という国の実態とは何の関係もない。中国国内で勝手に作り上げられた、一つの空想、虚像にすぎない。

しかし、学者先生や識者の言うことなら素直に信じてしまうという風習が昔から強い中国では、どんなデタラメであっても、それが学者や著名ジャーナリストの「ご著書」という形で「教示」されると、普通の国民はそのまま受け入れてしまうのである。

そして、このような「日本悪魔」の観念をさらに肉付けて全国民に広く浸透させたのは、党の宣伝機関としてのマスメディアである。

中国のマスメディアが日常的に展開している反日的宣伝活動を一つ一つ取り上げれば、

十冊の本を書いてても足りないくらいだが、ここでは一例だけ挙げてみよう。

東京の防災訓練が「軍事演習」に

北京の若者たちが、もっとも愛読する新聞の一つに、全国的にも有名な『北京青年報』がある。

この新聞は、「環球週刊」のタイトルで週一回の特集紙面をつくり、世界中で起きた注目すべきニュースを、解説付きで報道している。二〇〇〇年九月七日の「環球週刊」は、その数日前の九月三日に東京で行われた地震防災訓練を、「世界中の注目すべきニュース」として、三枚のカラー写真付きで大きく報道した。

北京の一新聞が、東京で行われた防災訓練の一つにそれほどの関心を持つのは一見奇妙なことであろうが、実はこの報道は、日本の自衛隊が訓練に参加したことから「軍事演習」のにおいを嗅ぎ取り、それを日本における「軍国主義復活の象徴」として捉えたのである。

この特別記事を掲載した紙面には、訓練に参加した自衛隊員の姿や、装甲車の写真を大きく載せると同時に、日本のスポーツ新聞がよく使うような大きな文字で、「防災訓練か、それとも軍事演習か」という見出しをつけている。

その下に、報道内容の概要が次のようにまとめられている。

「九月三日、東京都は、有史以来最大規模の防災訓練を行った。七千百名の自衛隊員が陸・海・空の重装備で、この大規模な訓練に参加したのである。それによって、今度の防災訓練は強烈な軍事的意味合いを帯びるようになり、日本の民衆はそれに対して深い憂慮の念を抱《お》いている。ある左翼人士はそれが実際に一つの軍事演習であり、軍国主義復活の象徴であると率直に指摘している」

この報道概要からみると、今度の防災訓練に七千百名の武装自衛隊員が参加したことで、実際には軍事演習ではないのかと批判する根拠になっている。つまり、自衛隊参加の防災訓練イコール軍事演習というのが、この批判報道の論理なのだ。

しかしそれは、いかにも奇妙な論理である。

というのは、軍隊が防災に動員されることは、世界中のどこの国においても普通に行われている正常な政府活動の一つである。平時の防災訓練に軍隊が参加するというのはごく当然のことであり、わざと騒ぎ立てるほどのニュースでもなんでもない。

現に、中国の人民解放軍も国内の防災訓練や災害救助に動員されることがよくあるが、この『北京青年報』から「防災訓練か、それとも軍事演習か」と問われたことは一度もない。しかし、日本の自衛隊のこととなると、それがすぐさま問題視されてしまうのである。

さらに言えば、たとえばアメリカでもロシアでもあるいはフランスでも、日本以外の国の軍隊なら、防災のためにどれほど大規模な出動をしたとしても、おそらくこの『北京青年報』も他の中国のメディアも、それを大きなニュースとして報道することはまずない。誰も問題だとは思わないからだ。

どういうわけか、ひとたび日本のこととなると、普通の「防災訓練」が「軍事演習」として取り上げられ、さらに「軍国主義復活の象徴」として大々的に報道されるのである。

この一例から見ても、「日本軍国主義の復活」という事実無根のデマを流布《るふ》するために、中国のマスメディアがいかに腐心しているかがよく分かるのである。

特に指摘しておくべき点は、この報道における「軍国主義の復活」という批判がいかにデタラメなものであるか、という点である。

この刺激的な表現が出てきたのは、先述のように引用した記事の「報道概要」であり、「ある（日本人）左翼人士」の言葉として援用されたものである。しかし奇妙なことに、記事の全文のどこを読んでみても、この「左翼人士」とは一体何者かについて、いっさいの記述がない。肝心のところで人の話を援用しているのに、その人物にかんする本名も素性も年齢も職業も、いかなる情報も提供されていない。新聞報道の基本ルールからすれば、まさに信じられないほどのお粗末な話である。

もちろん、この架空の「左翼人士」の口からは、自衛隊参加の防災訓練がどうして「軍国主義の復活」であるのか、いかなる論証もされていないのである。

この『北京青年報』の報道による「日本軍国主義の復活」というメッセージが、いかにいい加減なものであるかが、よく分かったと思う。

しかし、まさにこのようないい加減な新聞報道によって、「防災訓練＝軍事演習＝軍国主義の復活」という短絡的な結論が導かれ、「日本軍国主義はすでに復活している」という偽りのイメージが、多くの読者の頭の中に刻みつけられることになる。

暴風雨のごとき、マスコミの反日キャンペーン

『北京青年報』のような散発的な新聞報道よりも、中国のマスメディアによる日本批判報道のもっとも得意とするのは、マスメディア総動員による、集中攻撃的な批判キャンペー

ンである。

それは、たいてい何らかの事件をきっかけに、新聞、テレビを含めた中国全土のマスメディアを総動員し、まったく同じ時期に同じような論調をもって、いっせいに集中攻撃の砲火を浴びさせるという、まさに暴風雨がごとき人民裁判式大キャンペーンなのである。

二〇〇〇年一月に、日本の民間団体が、大阪で例の「南京大虐殺」の真偽を検証するとして、わずか四百人参加の集会を三時間にわたって行った。

それに対して、中国のマスメディアはどのような反応を示したかというと、『人民日報』や中央テレビ局をはじめとする全国の新聞・テレビ・雑誌は、総力を動員し、嵐のような日本批判キャンペーンを半月にもわたって延々と展開したのである。

もちろん、「大阪集会」に対する批判は、単なる「導入部」にすぎない。中国のマスメディアはむしろそれを一つの口実にして、ありとあらゆるウソとデタラメを並べて、誹謗《ひぼう》中傷《ちゅうしょう》の限りを尽くして、この暴風雨のごとき日本総攻撃キャンペーンを思う存分にやり遂げたのである。

たとえば『人民日報』の場合、「大阪集会」が開かれる一月二十三日の九日前の一月十四日には、すでに批判キャンペーンの先陣を切っていた。その日から二月二十八日までの十五日間に、実に十八もの記事を掲載して、まさに『人民日報』らしくこの全国規模の反日キャンペーンの主導的な役割を果たした。

南京で発行されている『新華日報』となると、「虐殺事件」の地元でもあるが故に、その反日キャンペーンの凄まじさは、目を疑いたくなるほどであった。一月十五日から二十五日までの十一日間に、同紙に登場した関連記事、抗議文、批判論文は全部合わせると、なんと二十三にものぼるという猛烈ぶりである。

それ以外にも、たとえば人民解放軍の機関紙である『解放軍報』、全国の知識人を主な読者層とする格調の高い『光明日報』、経営者たちにもっとも人気のある『中国経営報』も、もちろんこの反日キャンペーンの展開に全力を挙げている。

普段なら、もっぱら生活と娯楽の情報を取り扱う、上海の『新民晩報』のような庶民的な夕刊紙までが、いきなり真面目な顔をして反日キャンペーンを張り、気勢をあげているのである。

それらの中には、「日本鬼子が本性を剝き出した」とか、「日本軍国主義の亡霊が蘇った」とか、煽情的な警告を連発するものもあれば、「日本軍国主義者の侵略に備えよう」とか「国外からのいかなる脅威にも対応する準備を整えよう」と呼び掛けるものもある。

それはもはや、捏造とウソ偽りによる悪意の煽動と完全な情報操作に基づく、洗脳教育の典型であった。まさに中国のマスメディアは「一致団結」して、このようなとんでもない洗脳教育の推進に、全力を尽くしたのである。

前述の学者、ジャーナリストたちの「ご著書」による日本論の歪みや、この全国規模の反日キャンペーン展開の恐ろしい実態を見ただけでも、中国国民に蔓延している、激しい反日感情の形成の原因、その出所が一体どこにあるのか、もはや火を見るよりも明らかではなかろうか。

このような感情は、決して自然発生的なものではない。それは、まさしく組織的な反日教育と、煽動的宣伝が継続的に行われてきた結果として、人工的に作り上げられたものである。

前述の実例からも分かるように、中国の学者・専門家とマスメディアの「共同作業」によって、「悪魔の日本軍国主義」という捏造の観念が国民に植え付けられ、「日本憎悪」という激しい憎しみの感情が、多くの中国国民に生み出され、煽り立てられているのである。

これが、真相のすべてなのである。

敵が「日本」に代わっただけ

実は、「大阪集会」を発端《ほったん》とする、前述の日本批判キャンペーンが展開されている最中に、私はちょうど出張で北京に来ていて、その一部終始を目の当たりにした。

二〇〇〇年一月のことだったが、その頃になると、一九九八年あたりから始めた、中国における反日感情の高まりに対する私なりの検証と思考は、そろそろ最後の結論に達していた。そして北京滞在中は、毎晩ホテルの一室に閉じこもって、昼間に収集した批判キャンペーン展開中の新聞各紙を読み、テレビで放映されているキャンペーン関連のニュース報道や特集番組を見ていた。

そして、日本批判を盛り上げているテレビの画面を眺めていると、私の脳裏に葬られていたはずの、数十年も前の記憶が蘇ってきた。思い出しただけでも吐き気を催すような、あの毛沢東時代の記憶である。

断固とした口調で日本批判をまくし立てるキャスターの顔を見ていると、今から数十年前、学校や家のラジオから毎日のように聞こえてきた、お兄さんやお姉さんが、社会主義祖国を称賛して「帝国主義者」を非難する、あの「懐かしい」声を思い出した。

テレビの画面に登場させられた高校の先生や大学生、公務員や労働者などの人々が、一様に憤慨の表情を示して、「日本軍国主義の復活は断固として許せない」という千篇一律《せんぺんいちりつ》のセリフを口にしている。文化大革命の時代、「革命的群衆」たちが党の宣伝部に動員され、町の広場に集まって、「反革命分子」を糾弾《きゅうだん》するための「批判大会」を開く時の、あの集団的発狂の恐ろしい場面が、目の前に浮かんできたわけである。

やはりそういうことだったのか。

私が人生の中で、もっとも嫌悪している、あの毛沢東時代の人騙しの洗脳教育が、そっくりそのまま、今の中国で繰り返されているのだ。ラジオがテレビに変わっただけで、糾弾すべき「人民の敵」は、昔の「反革命分子」から今の「日本軍国主義」に代わっただけの話である。

共産党のやることは、今も昔も変わらないのだ。

今、目の前でやっているこの反日宣伝運動を見ただけでも、その「黒幕」が中国共産党政権であることは一目瞭然である。現在の中国で、反日宣伝運動の主題を決めてその台本を書き、さらに学界やマスメディアを総動員して、台本通りにそれを組織的に遂行することができるのは、当然、共産党政権をおいてほかにはない。長年にわたって、この政権のやることとを見てきた私のような人間には、それが分かりすぎるほど分かるのだ。

しかし、しばらくの間、最後まで解けないナゾが一つ残されていた。

中国共産党政権は一体何のために、これほど長期間にわたって、これほど多くの人間を動員し、これほど手の込んだ方法を用いて、この国家規模の反日教育、宣伝を展開しなければならないのだろうか、ということである。

共産党が救いのないウソつきであること、共産党の宣伝は、例外なく一種の洗脳教育であることは分かりきっている。

しかしウソつきにも、それなりの目的や理由があり、この国家規模の反日宣伝教育運動には、やはり何らかの国家レベルの動機付けや思惑があるはずだ。問題は、それが一体何か、ということである。

甥から「おじさんたちは間違っていた！」

そのナゾがやっと解けたのは、実は二〇〇〇年八月に、夏休みを利用して四川省の実家に帰省した時のことである。

大学一年生の甥が遊びにきた。今回は日本からお土産を持ってこなかったので、財布から人民元の百元札を数枚出して、小遣いとして彼にやろうとした。

しかし意外なことに、彼は「要らない」と言って、下を向いた。

私は「何だよ、お前はお金が嫌なのか」とからかった。

「いや、違う。だって小平《シオウピン》おじさんのお金は、日本人からもらった給料だろう。そんな金、僕は要らない！」ときっぱりした口調で言った（ちなみに、私は親族の間では「小平」と呼ばれている）。

それを聞いて、私はしばらく言葉を失った。「もう一人の反日青年の誕生なのか」と心の中で呟いた。

すると甥が顔を上げて私の目をまっすぐに見つめて、こう言った。

「小平おじさん、もしね、今度日本がもう一度中国に侵略してきたら、小平おじさんはどうする。帰ってくるの？」

自分の甥から、そんなとんでもないことを聞かされると、もはや苦笑するしかない。あまりにもバカバカしいので、まともに答える気もしなかった。

冗談半分で、こう聞き返した。

「じゃ、日本が攻めてきたら、お前はどうするんだ?」

そうすると、甥は座ったまま背筋をまっすぐに伸ばして目を輝かせながら、こう宣言した。

「僕は戦う。最前線へ行く。小日本を徹底的にやっつけるのだ」と。

この気迫に圧倒されていて、私は何を言ってよいのか分からなくなった。慌てて話題を変えようとした。

と、その時であった。甥は今度は、いかにも誇らしげそうに微笑みを浮かべながらこう言った。

「実は僕、大学で入党申請書を出した。来年には党に入れるよ」

彼のいう「入党」とは、当然、中国共産党への入党を指している。

「そうか、お前は共産党が好きなのか」と、私は軽く聞き流そうとした。

しかし相手は真剣である。

「当然だろう。中国人なら皆、中国共産党が好きじゃないか。党を擁護しているじゃないか。小平おじさんはそうじゃないのか」

私を見ている甥の目からは、一抹《いちまつ》の敵意さえ感じられた。

今度は私も真剣にならざるを得なかった。

「どうして？　どうして中国人は皆、共産党のことを好かなければならないのか。共産党はそんなによいのか」と切り込んだ。

「当たり前だ。当たり前じゃないか。共産党の指導があるから、中国は日本の侵略を防げるんじゃないか。昔、日本侵略軍をやっつけたのは共産党じゃないか。小平おじさんは歴史を忘れたのか」と、甥は少々興奮状態になっていた。

ここまで来ると、もはや叔父も甥もない。大人同士の議論となっていたのである。

「そうか。やっぱり歴史か。それでは聞く。今から十一年前、北京で起きた『六・四事件』、あれも歴史だけど、君はどう思うのか」と、私は反撃に出た（中国では、「天安門事件」のことは普通「六・四事件」という）。

「何ですかそれは。『六・四事件』って、あ、あれですか。思い出した。じゃあはっきりと言います。小平おじさんたちのやっていたことは、間違っています。党と政府の措置は正しかったと思います。僕だけじゃない。大学では皆、そう思っています」

彼の言う「党と政府の正しい措置」とは、言うまでもなく、民主化を求める学生たちに対する鎮圧を指している。

　そう言われると、私も堪忍袋《かんにんぶくろ》の緒が切れた。

「正しかった？　丸腰の学生たちを虐殺して一体どこが正しかったのか。政府が罪のない人を銃殺するのは正しいというのか、君は」と、私は声を荒げた。

　しかし甥は一歩も譲らなかった。

「そうだ。正しかった。おじさんたちのやっていたことは、外国勢力の陰謀じゃないか。鎮圧しないと、この中国は外国勢力の支配下に入ってしまうじゃないか。鎮圧して、どこが悪いのだ」

　甥が薄ら笑いを浮かべながら、挑発的な目付きで私を見ている。

　私は絶句した。怒り心頭に発した。すぐにでも立ち上がって、こいつの顔に平手打ちを食らわそうとするところだった。

　しかし、最後の理性が働いた。相手は甥で、私は叔父だ。ここは私の家だと、自分に言い聞かせながら我慢していた。

　そうすると、甥が突如立ち上がってドアへ向かって歩き出した。ドアの前にさしかかると、また急に立ち止まって私の方を振り向いた。

「殺人といえばね、小平おじさんの居るところ、日本人こそ殺人者じゃないか。南京大虐殺をやったじゃないか、何千万人の中国人を殺したじゃないか。小平おじさんはもう忘れたようだが、僕は忘れませんよ」と言い捨てて、そのまま出ていった。

これが、私と甥との間で交わされた、忘れ難い対話の一部終始である。

私は今でも、彼の言葉の一つ一つ、表情の一つ一つをはっきりと覚えている。私にとって、あまりにも衝撃的な出来事であった。

日本を憎むことが、「共産党擁護」へ走らせる

あの日、甥が去った後、私は外出の予定をキャンセルして部屋にこもり、自分の気持ちが収まるのを待った。そうして平静を取り戻した後に甥の発した言葉を一つずつ吟味《ぎんみ》しながら、考えにふけっていた。

甥の言うことは、全部本心からの言葉であろう。家の中での叔父と甥の会話で、ウソ偽りを言う必要などまったくない。それに甥は昔から私のことが好きだったし、本人はいたって純粋でまっすぐな若者である。

したがって、彼は本心から思っていることを言っているのだろう、と私は感じた。

しかし、だからこそ、それはショックであった。

やはり悔しくて、空しささえ感じていた。十数年前、私たちの世代は青春のすべてをかけて、そして多くの仲間たちはまさに命をかけて奮闘した。あの民主化運動は、甥の世代になると、もはや過去のこととして忘れられている。否、忘れられているというより、むしろ鎮圧すべき「悪いこと」として認識するに至っている。

甥の言う「外国勢力の陰謀」とは、もちろん、共産党政権が自らの「血の鎮圧」を正当化するための捏造、宣伝にすぎない。しかし甥はそのまま鵜呑《うの》みにして信じている。

そのために彼は、戦車を出動させて丸腰の学生（彼と同じ年齢の青年も多かったが）を惨殺した共産党政権のやり方に対し、少しの疑問も感じていないようだ。全面的に擁護しているのだ。そして彼自身も、喜んでこの党に入りたがっている。

天安門事件を正当化し、共産党の犯した殺人を擁護する反面、彼はそれよりも遥か昔に起きた南京での「大虐殺」や、日本人による「数千万人の中国人殺し」といった過去の出来事を、あたかも目の前にある現実であるかのように強く意識している。

だから彼は現在の日本に対して強い嫌悪感を抱き、「日本人のお金」には指一本も触れようとしなかった。

そして彼は、「日本が再び中国を侵略してくる」という荒唐無稽《こうとうむけい》な作り話を完全に信じていて、大真面目に受け止めている。それを防ぐために、彼は「共産党の指導」を心から擁護しているのだ。自分自身も、身を挺《てい》して「戦う」つもりなのだ。

それが、甥との会話を解析して私が到達した認識――彼という青年の考え方の枠組みである。そして、その枠組みの中心点に何があるかといえば、それは明らかに「日本」であり、それがキーワードなのである。

日本人の犯した「虐殺」に対する彼の認識、現在の日本に対する彼の心からの憎悪感、そして、再び侵略してくる日本と戦わなければならないという彼の信念、日本というものに対して持つところの、それらの観念と感情は、彼という若者の精神構造を支える原点となっているようだ。

もちろん、それらの観念と感情は完全に間違っているし、的をはずれている。彼がそれほど嫌悪していて、いつか必ず中国に侵略してくると考えているような「日本」は、どこにも存在していない。

それは間違いなく、中国共産党主導の反日宣伝によって作り上げられた虚像であり、妄想なのだ。

しかし、私の甥、この純粋な好青年、この情熱の溢れる大学一年生は、まさに共産党の反日宣伝と教育に洗脳されることによって、どこにも存在しない虚像、妄想に囚われていて、煽り立てられた憎しみの感情の虜となっているのである。

そしてその結果、日本という「外敵」を憎むあまり、日本の「侵略」から祖国を守ろうとするがゆえに、彼はあの「天安門事件」の虐殺も「正しい」と思っているのだ。

彼は、共産党の犯した罪と、一党独裁的政治体制に何の疑問も感じない。彼は、共産党の擁護者となり、彼は共産党の一員になろうとしている。「共産党の一党独裁体制こそ万悪の根源」と考えていた私たちの世代の目指した道とは正反対の方向へと、彼は向かっていたのである。

仕掛けられた世紀のペテン

しかし、考えてみよう。これこそ、中国共産党がもっとも望んでいる結果ではないのだろうか。

甥のような反日的共産党擁護者が現れてきたのを一番喜んでいるのは、まさに中国共産党政権ではないのだろうか。彼のような考え方と、精神構造を持つ若者たちが大量に出現すれば、中国共産党の統治基盤が固められる。共産党の一党独裁体制はそれで安泰となるではないか。

だとすれば、共産党の行ってきた全国規模の反日的宣伝と教育の最大の目的は、まさに私の甥のような考え方と精神構造を持つ人間を「量産」し、彼のような共産党の若き擁護者を継続的に生み出すことにあるのではないだろうか、とその時、私は閃いた。

すべてが分かった。ここ数年のナゾが解けた。共産党の手の内が、火を見るように明らかになった。この荒唐無稽な反日宣伝運動を背後から操っているあの汚い手、あの陰湿極まりない下心が、はっきりと見えてきたのである。

まさに、自らの統治基盤を固めるために、自らの一党独裁的政治体制を維持していくために、共産党政権は総力を動員して、あの手この手で日本を「悪魔の侵略民族」に仕立ててきたのだ。

若者たちの敵愾心《てきがいしん》を、共産党自身にではなく、まさに日本という「外敵」に向かわせていくために、日本に対する憎しみの感情を計画的かつ継続的に煽り立ててきたのだ。その恐ろしいほどの教育・煽動運動の長期的遂行によって、中国の国民、若者たちを洗脳して共産党の盲従的擁護者に変えていくのだ。

「反日」とは結局、中国共産党の党利党略から仕掛けられた世紀のペテンである、ということなのだ。

反日意識の高まりは〝天安門以後〟

このような視点から振り返ってみれば、九〇年代になってから、中国国内の反日感情が急に高まってきたことの理由もよく分かる。

中国において、八〇年代と九〇年代との分岐点となった出来事は、すなわち一九八九年の天安門事件である。

私たちの民主化運動がもたらした衝撃によって、そして丸腰の学生たちを自らの首都において虐殺したというあからさまな犯罪によって、中国共産党政権の正当性が完全に揺らいだ。

共産党政府は、若者や多くの国民から「殺人政府」だと非難され恨まれて、共産党自身が「人民の敵」となるところだった。

おそらくそれで、中国共産党は自らを窮地から救い出すための「秘策」を講じたのである。「反日」という名の必殺の剣である。五十〜六十年前の日本軍による「虐殺」を喧伝することによって、彼ら自身の犯した殺人への記憶を抹消しようとした。日本という国を憎むべき「悪魔」に仕立てることによって、共産党に対する国民と若者たちの怨念と恨みを、「外敵」に向かわせようとしたのだ。

そして、この「外敵」がもう一度「侵略」してくるだろうという、ウソ偽りの危機感を煽り立てることによって、「共産党の指導体制」に新たな正当化の根拠を与えようとしたのである。

このような汚いマジックを使うことによって、共産党は見事に目的を達成した。私の甥のような共産党擁護の反日青年が輩出していること、天安門事件以後に共産党の一党独裁体制が微動だにしなかったこと、そして現在でも安泰であり続けること、まさにそれがこの策謀の揺るぎない証拠であろう。

しかしそれは、私という人間にとって、決して許せることではない。

彼らは、ありとあらゆるウソと捏造を並べて、誹謗中傷の限りを尽くし、どこにも存在していない「日本悪魔の軍国主義」という架空の観念を作り出して、国民と若者たちを騙した。

長年日本で生活している私には、それがどうしても我慢できなかった。

この作り上げられた架空の観念は、自分の目で見た日本の真実とは、あまりにもかけ離れていたからである。

明らかに「白」であるものを、平気な顔で「黒」と言い切る光景を目の前にすると、どうしても、それを放っておけなくなるのは私の性分である。

そして、少年時代から共産党のウソに騙されてきたという、苦しい人生の体験をもつ一人として、私は彼らのウソ、デタラメを、もはや看過《かんか》できないと思った。

人を馬鹿にするのにもほどがある。子供時代の私たちを洗脳した時と同じ手を使って、もう一度人を騙そうとしているのか。私たちの世代だけでなく、私の甥の世代までもこのような洗脳教育の犠牲者にする気なのか。そうはいかない、と思った。

そして何よりも許せないのは、中国共産党政権はまさに、この反日教育という名の汚いマジックを用いることで、私たちの世代の起こした民主化運動への記憶を抹殺して、私たちの仲間に対する彼らの殺人的犯罪を覆い隠したことである。

彼らは、「反日」という虚偽のイデオロギーを援用することによって、私たちの世代が目指した民主化の理念を、この中国の大地から完全に葬り去ろうとしているのだ。

私から見れば、それこそ殺人以上の犯罪であり、ウソつき以上の卑劣であり、この国のために命を捧げた仲間たちに対する、もう一度の侮辱であり、私たちの青春と知性に対する、もう一度の愚弄《ぐろう》なのである。

このままいけば、中国という国と国民の未来に対する希望が完全に奪われ、民主主義国家の建設というこの民族にとっての最善の道が、永遠に塞《ふさ》がれたままであろう。だから、決して許せないのである。

「反日を破って我あり」

天安門事件以来の長い間、私はすでに「天下国家」というものに対する情熱を失い、ニヒリストとして、この国のことを遠くから眺める立場に自らをおいた。

しかしここまでくると、自分にはもはや立ち上がる以外に道はないと思った。

かつて、この国のことを自分の生命のように大事に思っていた一人の中国青年として、かつての民主化運動において新生中国の誕生を夢見た一人の「八〇年代の大学生」として、そして日本という国に十数年もお世話になり、日本を第二の故郷として愛してやまない一人の元留学生として、また幾度の精神的受難を乗り越えることによって冷徹な批判力を身につけた一人の自由知識人として、私は、この「反日」という名のマジックを打ち破るために立ち上がろうと決心した。

私は別に、自分の祖国である中国に敵対しようとは思わない。共産党を潰そうとか転覆しようとかも考えていない。

ただし、今のようなウソ偽りの反日だけは許せない。自分の良識と知性が愚弄されることだけは許せない。中国の若者たちがもう一度洗脳されてしまうことだけは許せない。民主主義中国建設への未来の夢が共産党の党利党略のために永遠に葬られることだけは許せない。ただそれだけのことである。

だから、真正面から「反日」に立ち向かわなければならない。この世紀の大ペテンを打ち破らなければならない。

「反日」を破って真実あり、「反日」を破って我あり、「反日」を破って国の未来あり、と私は思ったのである。

二〇〇〇年の八月、故郷の四川省に帰省したあの夏、「反日青年」となった私の甥との会話のあった後、私は、自分の心の中でこのような決意を固めた。

今から考えてみれば、まさにこの生まれ育った故郷の地で、私はこの国の「反日政府」と、その洗脳的マジックとしての反日運動に、たった一人の叛旗《はんき》を翻《ひるがえ》したわけである。

第3章

中国を覆う「愛国主義狂乱」

「反日」という怪物と、もう一つの怪物

二〇〇〇年の八月に、故郷の四川の地で「反日」に対する戦いを誓ってから、私はすぐ行動を起こした。その第一歩として、中国における「反日」の実態を告発し、その原因を分析する一冊の本を書こうとしたのである。

資料の収集、整理から原稿の書き上げ、そしてさまざまな紆余曲折《うよきょくせつ》を経て、日本での出版にこぎつけるまで、一年半かかった。

そして二〇〇二年一月に、私の処女作である『なぜ中国人は日本人を憎むのか』が、PHP研究所より刊行された。この第一歩を踏み出したことで、私自身はあらゆる意味においてルビコン川を渡ってしまった。

後戻りは、もはやできない。

その時点から現在に至るまで、「反日」という怪物との格闘が私のライフワークとなった。

そして、「反日」問題に本気で取り組んでしまうと、私は「もう一つの得体の知れない怪物」とも対面せざるを得ないことに、すぐに気がついたのである。

九〇年代以来、中国共産党政権が「反日教育」とセットで、全力を挙げて推進してきたのは、「愛国主義精神高揚運動」という教育運動である。一種の歪んだ自己肥大のウルトラ・ナショナリズム的意識と感情が、この教育運動によって植え付けられ、煽り立てられた結果、「愛国主義」という名の集団的熱病は、「反日感情」の高まりとともに中国全土に蔓延しているのである。

その正体は一体どういうものか。

私が二〇〇二年五月に上梓《じょうし》した『中国「愛国攘夷」の病理』（小学館文庫）は、その詳細を克明に記述しているものだが、そこから典型的な実例の一つを引き出して、この集団的熱病の実態の一端を見てみよう。

女優の運命を変えた一枚の服

それは、二〇〇一年十二月に起きた、趙薇《ズオーウイ》さんという中国の人気女優にまつわる事件である。

普段は、「小燕子」（ツバメちゃん）の愛称で全国の茶の間に親しまれている趙薇さんが、ある出来事をきっかけに、一夜にして中国人民が憤慨していっせいに罵倒を浴びせる悪役となった、ということである。

その出来事というのは、彼女がある国内のファッション雑誌で、旧日本海軍の旭日旗《きょくじつき》とよく似た図案がデザインされた、一枚の服を着て登場したことである。

デザイナーは、ニューヨーク在住の中国系アメリカ人だったから、当時は雑誌社も趙薇さん自身も、このデザインが日本軍の旭日旗と関係があるとは、夢にも思わなかっただろう。芸能やファッションの世界に生きている彼女や彼らにとって、デザイナーが作った服であれば、旭日旗の図案があろうとなかろうと、それはただの服であり、ただのファッションとして映ったに違いない。

しかし二〇〇〇年代のわが中国では、このような至極当然の論理は通用しない。彼女がこの服を着た写真が、雑誌に掲載されるや否や、それは直ちに、中国の国民的アイドルが「日本軍国主義のシンボル」である「軍旗服」を身につけ、「中国人民の尊厳と民族感情をひどく傷つけた売国行為」として認識された。

それからの二カ月間、いわば「日本軍旗服事件」は、中国全土のマスコミと茶の間を騒がす、一大スキャンダルに発展していったのである。

それを一つの大事件として捉え騒ぎ出したのは、まず全国のマスメディアである。新聞、テレビなどはさっそくそれを取り上げて、「事件の背後の陰謀」にかんするジャーナリストたちの憶測や、「この売国行為の悪質さ」に対する専門家たちの糾弾など、悪意の報道合戦が全国的に展開されていくと、「わが中国人民の民族感情」は一気に爆発した。

全国から上がってきたのは、憤りと非難の声である。

この「事件」を報じた新聞社やテレビ局には、例えば次のような「市民たちの声」が集まった。

市民A「彼女の写真を見ていると、私には日本軍御用達の売春婦に見える。最低だ。政府関係部門が封殺すべきだ」

軍人B「私は強い憤りを感じた。自分たちの民族感情は傷つけられたと思う。彼女は民族の変節者だ」

銀行員C「日本軍国主義者が喜ぶようなことをやり、われわれの民族自尊心を酷く傷つけた。全国人民にお詫びしなければならない」

こんな調子の非難が、マスコミに殺到したのだが、一部のマスメディアはそれに応じるかのような形で、さっそく趙薇さんに対する「封殺令」を宣言した。

たとえば、南京の『現代快報』は、「日本軍旗服を身につけて公の刊行物に登場した趙の行為は、中国人民の感情を深く傷つけた。本紙はそれに抗議すると同時に宣言する。彼女の芸能活動に関するいかなる報道記事も掲載せず、彼女のいかなる映像作品に関しても宣伝せず、彼女の肖像を使用したいかなる商業広告も掲載しない」との声明を発表すると、全国数十社のメディアは、直ちに同様の声明を出して、それに同調した。

さらに、一部の市民たちからは、趙薇さんとその写真を掲載した雑誌を、裁判所に告訴する動きも見られた。「傷つけられた中国人民の民族尊厳を法的措置によって守りたい」という。

それに応じて、国から「優秀弁護士」の称号を与えられた陳議氏という有名弁護士がさっそく手を挙げて、この案件は中国人民に多大な精神的損害を与えた「精神損害案」として、立件したいと表明した。

こうした中で、趙薇さん本人はメディアを通じて「全国人民」に謝罪し、自分が「祖国を非常に愛している」と宣言した。

しかしそれでも、やはり「全国人民」からは、許されなかった。

ステージに乱入してきた男から暴行

その謝罪の翌日、長沙市の歴史学会副理事長を務める李思聖氏が、「趙の謝罪が中国人民の心の傷を消すことはできない」と発言し、湖南教育学院副院長の張国兵氏は、「謝罪はすでに遅すぎた」「彼女が国民の心に与えた傷は永遠に消えないだろう」ととどめを刺すような一言を付け加えた。

遼寧省にある、「9・18事件（満洲事変）研究会」会長の張一波教授は、会を代表して談話を発表し、「軍旗服事件は単なるファッションの問題ではない。それは中国人民の感情に対する蹂躙《じゅうりん》であり、民族の尊厳に対する冒瀆《ぼうとく》であり、中国の国としての尊厳を傷つけた行為であり、精神的犯罪である」と、趙薇さんに対する容赦のない断罪を行った。

そうこうしているうちに、趙薇さんの出演広告を取りやめたり、彼女の肖像画を使った広告看板を撤去したりする動きが全国に広がり、彼女の広告出演料の金額も、これまでの最低レベルに下落した。

そして十二月二十八日の夜、ある地方で開かれたコンサートのステージで、出演者の一人である趙薇さんは、とうとう暴力を振るわれる羽目になったのである。

趙薇さんが歌っていた途中、一人の若い男が突如ステージに飛び上がり、事前に用意してきた排泄物を彼女に浴びせた後に、一撃を加えて倒した。

事件後、男は新聞の取材に対して、軍旗服を着た趙の行為に憤慨して、自分の「愛国情熱」に従って行動したと答えたという。

その理由がどうであれ、大の男が一人の女の子に暴行を加えること自体、どう考えても社会的良識から大きく逸脱した異常行為であろう。中国の広さからして、このような異常者が一人や二人出てきても、別におかしくないといえるかもしれないが、それよりも驚いたのは、むしろこの男の異常行為に対して多くの中国国民が示した反応である。

三十数万人が暴力行為を「支持」

中国には、一九九六年以来五年連続で、「中国で最大の影響力を持つサイト」と評価される「sina.com」というサイトがあるが、暴行事件が起きた直後に、「sina.com」の読者コメント書き込み掲示板には、さまざまなコメントが、次から次へと書き込まれていった。

たとえば次のようなものがある。

「よくやった。あの恥知らずの馬鹿女を、二度と立ち上がれないように打ち倒しておくべきだ。私はあの晩の英雄に最大の敬意を表したい。英雄に学ぼう！」

「俺だったら、彼女を撃ち殺すところだった」

「趙の行為は国の恥だ。彼女は国賊だ。同情する余地がどこにあるのか。もっとやれと言いたい」

「民族の尊厳をないがしろにした趙ごとき馬鹿者は、やはり生き埋めにすべきだ」

「悪人を殺すことはすなわち善行であり、漢奸を殴るのに罪なし」

事件が報道された当日の晩から翌日の朝まで、掲示板に書き込まれたコメントは三千以上にも上ったが、趙薇さんに対する暴行に賛意を表し、それを支持するという意見が大半を占めていた。

趙薇さんに実際に暴行を加えたのは一人の男であったが、こうした書き込みの数から見ると、彼女を「二度と立ち上がれないように打ち倒したい」、彼女を「生き埋めにしたい」という願望や衝動の持ち主が、実に大勢いることが分かる。

「sina.com」はさらに、この暴行事件の是非を問うため、インターネットでアンケート調査を実施した。男の暴力行為に対して、支持するのか反対するのか、という設問であった。回答者数六十二万六千五百七十五人のうち、なんと五〇・九九％の人は、はっきりとその行為を支持すると答えたという。

アンケートの設問は、趙薇さん自身の行為に対してどういう意見や感想を持つのかではなく、彼女に対する暴力行為をどう思うのか、である。しかもそれは、男による暴行を理解できるかどうか、あるいは容認できるかどうかというのでもない。

それははっきりと、「あなたはこの行為を支持するのか」という設問である。

そこで、六十数万人の回答者の半数以上が、明確にそれを「支持する」と答えたのである。

要するに、三十数万人の普通の市民たちが、自らの社会で起きた、明らかな人権侵害であるはずの暴力行為を支持している、という普通なら想像できない現象が現実に起きた、ということである。

そこにはもはや、健全なる市民社会の良識もなければ人間の理性の正常なる働きもない。一種の社会的異常心理あるいは集団的な異常気分がすべてを支配している状態である。

「愛国」という名の〝集団ヒステリー〟

この暴行事件に至るまでの経緯をもう一度見てみると、最初から最後まで突出していたのは、まさに極度の異常さをその特徴とする一種の社会的気分、あるいは空気の存在である。

旭日旗らしき図案が入った一着の服を、直ちに「日本軍国主義の象徴」だと断定して大騒ぎするというマスメディアの報道、その報道に煽り立てられて、ほとんど条件反射的に憤慨して、趙薇さんを「売国奴」や「民族の変節者」だ、と罵倒する市民たちの反応、一人の若い女優のちょっとした不注意を「民族の尊厳を傷つけた精神的犯罪」とまで断罪した学者先生たちの情緒的な言動、そしてインターネット上で彼女を「生き埋めにすべきだ」と攻撃本能を剝き出しにする愛国青年、さらに多くの市民が、一人の女性に対する悪質な暴行と侮辱を、あたかも正義の快挙でもあるかのように支持する、という信じ難い社会現象の発生……。これらに共通して見られるのは、彼らを常識から大いに外れた過激な言動へと駆り立てる、一種の集団的な異常精神というべきものではないだろうか。

ここで特に注目すべきなのは、趙薇事件において多くの中国国民が示したこのような異常反応のすべてが、いわば「愛国」という大義名分のもとに行われたということである。

つまり、「愛国」という旗印を振りかざし、「民族の罪人」を糾弾するという大義名分があるからこそ、マスメディアが持つべき公正さを、学者が持つべき節度を、そして普通の市民たちが持つべき良識を全部かなぐり捨てて、集団的熱病にでも取りつかれたかのように、一人の若い女優に対する人民裁判式の総攻撃を容赦なく発動し、ヒステリー的な大発作を起こしたのである。

それはすなわち、九〇年代以来、中国全土で猛威を振るってきた「愛国攘夷」という国民運動の正体である。

愛国攘夷の高まりも〝天安門以後〟

中国におけるこのような集団的熱病の蔓延を外から眺めていると、私自身もやはり、「愛国主義」とは一体どういうものなのかを、改めて考えなければならなかった。

本来なら、祖先代々から受け継いだ土地や伝統に対する、自然発生的な帰属感や愛着心などを基盤にした愛国精神、あるいは愛国心というものは、それ自体はむしろ大いに称賛すべき人間精神の一つであり、どこの国でも必要不可欠なものである。

そういう意味では、中国という国に中国の愛国主義があるのも、中国国民が自らの国に対して愛国という意識や心情を持つのも、別に問題視すべきことでもなんでもない。

逆に日本の場合、戦後の間違った教育が長年にわたって行われてきた結果、現代に生きる多くの日本人が、自らの民族の伝統と文化に対する自信と愛着を喪失し、「愛国心」という言葉に違和感さえ覚えるようになったのは、むしろ日本にとっての最大の不幸であろう。

したがって、ここで問題視しているのは、けっしてこのような自然発生的な愛国心あるいは愛国精神というものではない。自分の生まれ育った土地や自民族の伝統文化に対する愛着心や誇りならば、不肖《ふしょう》の私だって、ちゃんと持っている。

しかし、現代中国に蔓延している「愛国攘夷」という名の集団的熱病には、違和感を覚えざるを得ない。前述の実例からもその一端を窺えるような、現在の中国におけるウルトラ・ナショナリズム的意識と感情の驚くべき異常さに、どうしても我慢できないのだ。

それは明らかに、愛国心というものの本来の意味から大きく逸脱した、一種の集団的精神異常であり、健全なる愛国主義からは程遠い、一種の社会的病気だからだ。

問題は、このような集団的精神異常がいつ、どのようにして生まれてきたかにあるが、よく考えてみれば、それは前章で取り上げた人為的に作られた「反日感情」と、まさに表裏一体のようなものではないかと思う。

中国において、ウルトラ・ナショナリズムが、未曾有《みぞう》の勢いで台頭してきたのは、やはり江沢民政権時代の九〇年代である。そして一九八九年の「天安門事件」こそ、その歴史的転換点である。

前章においても詳しく記述したように、八〇年代を通して多くの知識人、私自身もその一員であった学生たちは、毛沢東時代の暗黒政治に対する反省から、共産党政権による一党独裁の政治体制こそ、中国におけるすべての問題の根源だ、と考えるに至った。

そして、「改革開放」路線が実施される中、西側諸国の資本主義世界に対する「開放」を通じて、私たちは社会主義体制自体がすでに問題だらけのボロ家となっていること、民主主義が多くの面において、明らかに優れていることを知るようになった。

十三億の人民を束ねる「神話」

こうした中で、私たち世代は、西側資本主義国から民主主義の理念を取り入れ、それに基づいて、一党独裁の前近代的政治体制を打破し、新しい中国を作ろうと立ち上がった。それがやがて、世界を震撼《しんかん》させた一九八九年の「天安門事件」につながったのである。「天安門事件」に至るまでの民主化運動において、「共産党打倒」のスローガンまでは口にしなかったものの、私たちの求める民主化という目標は、すなわち共産党による一党独裁体制に対する否定と挑戦であった。

このような理念、主張が実現すれば、共産党政権の崩壊が必至の結果であることは、火を見るより明らかである。そういう意味で、この民主化運動とは、中華人民共和国史上初めての共産党政権に対する下からの反乱でもあった。

それは一九四九年の建国以来、中国共産党政権が直面した最大の危機である。軍隊による鎮圧、という最終手段を使わなければ、事態の収拾すらできなかったという結末から見ても、共産党政権の存立基盤が根底から揺らいだことがよく分かる。

しかし、そのような血まみれの武力鎮圧が実施された結果、中国共産党政権の中心的イデオロギーであり、共産党政権の正当性の最大の理念的根拠であり続けてきた、「共産主義の神話」が、中国国民の心の中で跡形もなく完全に崩壊したのである。

こうした状況の中、大きく揺らいだ共産党政権の存立基盤を、いかにして立て直すのか。崩壊した共産主義の理念の代わりに、共産党政権の正当性を根拠づけるために、どのような新しいイデオロギー、あるいは神話を作り出すことができるのか。それは、「天安門事件」直後に誕生した江沢民政権にとっての至上命題となった。

そして、九〇年代を通して江沢民政権がとってきた一つの戦略は、すなわち「愛国主義精神高揚運動」の宣伝キャンペーンと教育運動を持続的に展開させることで、ナショナリズムのイデオロギーを全面的に打ち立てることであった。

死の床にある共産主義のイデオロギーにとって代わる、十三億の民を束ねていく神話として、「愛国主義精神」という名のナショナリズム意識と感情の浸透が、徹底的に図られたのである。

その結果、中国共産党政権にとって、たいへん望ましい局面が生まれてきた。

天安門事件以前の八〇年代を通じ、自由主義と民主主義が知識人や学生たちに浸透すると、中国において、「民主と自由の理念」対「共産主義イデオロギー」の対立構図ができあがった。

このような構図の中で、共産党による一党独裁の政治体制は対立の焦点となり、そして対立の爆発として天安門事件が起こった。

しかし、その後の江沢民共産党政権は、愛国主義精神の高揚とともに、中国の人権問題に「干渉」してくるアメリカや、「軍国主義の野心」をいまだに捨てていないという日本などの国々を、中国の主権と中華民族の尊厳を侵害しているという仮想の「民族の敵」として仕立て上げることによって、こうした対立構図の組み替えを図っていった。

その結果、ナショナリズムの理念に基づく民族対立のイデオロギーが打ち出され、民主・自由の理念に基づき共産党の一党独裁を打破する、という八〇年代のパラダイムにとって代わったのである。「富国強兵」によって、民族の敵を圧倒するという九〇年代のパラダイムを確立したわけである。

このような新しいパラダイムと、民族の敵に対する新しい対立構図において、共産党による独裁政治体制は、当然、当面の問題の焦点ではなくなった。逆に「富国強兵のために」の大義名分があれば、こうした政治体制の強化さえ主張できた。

そして今度、愛国の情念と民族の敵に対する敵愾心に燃える九〇年代以降の知識人や若い学生たちにとって、共産党政権はもはや敵ではなくなった。

全国の人民を束ねて「来るべき」民族闘争を勝ち抜く、という最優先目標の達成のためには、かつての抗日戦争を闘い抜いたと言われる彼ら共産党は、むしろ中華民族の大黒柱として、その強力なリーダーシップを期待される身となったのである。

しかし、このようなパラダイムの転換としてのイデオロギー作りは、最初から欺瞞であった。

一国における愛国主義精神の高揚や、ナショナリズムの急速な台頭は普通の場合、その国が外部からの攻撃や圧迫によって何らかの国難に直面し、あるいは民族存亡の危機にさらされた時に起きることである。それは、国家あるいは民族という有機体が、外部からの攻撃に対して引き起こす、一種の防衛反応のようなものである。

つまり、外からの挑戦に対する外向きの反応こそ、ナショナリズム意識高揚の本来の姿であり、その根拠なのである。

しかし九〇年代の中国における、愛国主義精神の高揚やナショナリズム意識のにわかな台頭は、まったく性格が異なった。

天安門事件後の国内情勢に対応して、崩壊の危機から共産党政権を守ろう、という単純な内政上の理由から、その政権の正当性に対する新たな根拠づけとして打ち出されたイデオロギーであるだけに、それは完全に、内向きの問題に対応する内向きの防衛策でしかない。

つまり、愛国主義やナショナリズム意識高揚の本来の意味も、その現実の根拠も、そこには完全に欠如している、ということである。

現実の面から見れば、この時代において、中国という国が外部からの攻撃や侵略にさらされたり、そういう危機に直面していたわけでもないことは、おそらく誰の目にも明らかなことであろう。中国を取り囲む国際環境からしても、それは「民族の危機」や「国難」などの言葉とは無縁の、平和そのものの時代といえる。

だとすれば、江沢民共産党政権が、その党利党略から行った「愛国主義教育運動」とは、最初から本当の意味の愛国主義や愛国心とは何の関係もない、悪質な情報操作にすぎないのであり、それによって人為的に作り上げられた、「愛国主義精神の高揚」やナショナリズム意識の台頭は、所詮現実の根拠を持たない、一種の虚構なのである。

実は、九〇年代における、「愛国主義精神高揚運動」の虚構性とその時代錯誤こそ、現在における中国のウルトラ・ナショナリズムの異常性を生み出した最大の原因ではなかろうかと思う。

外部からの攻撃という、ナショナリズムを生み出す現実の根拠がほとんどなかったにもかかわらず、まったく内政上の理由から、ナショナリズムの大看板を打ち立てなければならないのは江沢民共産党政権の宿命であったが、その場合、現実に根拠のない、時代錯誤的なナショナリズム意識を国民に浸透させるのには、かなり手のこんだテクニックが必要となるのである。

「国恥教育」で屈辱を追体験

そこで用いられたテクニックの一つは、すなわち「愛国主義精神高揚運動」において盛んに行われている「国恥《こくち》教育」というものである。

その内容はいとも簡単明瞭である。要は中国という国がかつて受けた「国恥」を、「教育」を通じて現在の中国国民に、もう一度認識させることである。

そして、この「国恥」とは、すなわち近代史や現代史において、中国が列強国の侵略や圧迫から受けた、屈辱の体験を指しているのにほかならない。

要するに、現在の中国国民に、かつて中国が列強国から受けた屈辱を、追体験させることによって、あるいはこうした屈辱への民族的記憶を喚起させることによって、彼らのナショナリズム的情念を高めていくというのが、この国恥教育の狙いである。

言ってみればそれは、昔の傷痕をもう一度痛めつけることによって、自らを奮い立たせるという苦肉の策だったのだ。

こうした苦肉の策から生み出されたのが、すなわち「愛国主義精神」という名の集団的異常心理である。

つまり、列強たちに恣意《しい》的に虐められて侮られたという、中華民族がかつて被った心の傷を追体験させることによって、現在の中国国民にこうした侮辱や、侵害に対抗するための精神的防衛策としての、過剰な自己意識を植え付けることであった。

その結果、別に虐められやすい立場にあるわけでもない現在の中国国民は、あたかも過去の屈辱の時代に後戻りしていった。

一種の被害妄想に囚われて、外部世界に対する過敏な警戒心を持ち、自らの「尊厳」や「感情」に対する異常な執着心を持つようになった。

その結果、十三億の中国人民たちは、ファッションとしての一着の「軍旗服」を目にしただけで、集団的ヒステリーを起こしてしまうほどの、滑稽にして病的な国民に自ら成り下がったのである。

「売国奴」となっても、わが道を行く

言うまでもないことだが、私自身はもちろん、中国の現代的流行となった、このような薄っぺらで病的な「愛国主義」に対して、常に批判の目を向けている。いや、「批判の目」云々よりも、むしろ一種の強烈な嫌悪感さえ持つものである。

その理由は簡単である。

このような「愛国主義」もどきのものは最初から、政権党が自らの党利党略と欺瞞によって、人為的に作り出した一つの虚構だからだ。

かの毛沢東が、「共産主義の理想」という虚偽の世界観をもって、われわれの世代を洗脳したように、かの鄧小平が、「政治改革」という方便としてのウソをもってわれわれの世代を騙したように、「三代目」の江沢民共産党政権は、またもや「愛国主義」という都合の良い狂言を持ち出して、われわれを、次の世代の若者たちを、中国の国民全員を欺《あざむ》こうとしているのである。

もちろん、そのあとの胡錦濤、習近平政権もこの大いなるウソを受け継いで、十三億の

民を永久に騙し続けていく魂胆のようである。

私には、それがどうしても許せないのだ。一度騙されて、二度騙されて、そして三度までも騙される馬鹿がいるのかと、怒り心頭なのである。

特に許し難いことは、江沢民政権が標榜したこの「愛国主義精神」という名の偽りのイデオロギーは明らかに、われわれの世代が八〇年代を通して求めてきた民主主義の理念に対するアンチテーゼであり、われわれの世代の情熱と理想に対する完全な否定と、冷酷な抹殺なのである。

つまり、前述した「国恥教育」の徹底によって、「中華民族対外敵」という虚構としての対立構図が出来上がった中で、われわれの求めた民主主義の実現が、二の次になるだけでなく、「西側の民主主義理念」を叫ぶ私たち自身は、まさに「民族の敵」の手先か追随者と見なされるようになった。

言ってみれば、共産党政権が自らの保身のために弄したこの世紀の手品によって、祖国のために、民主化運動に青春をかけた私たちは逆に、全国民から嘲笑されるべきピエロに仕立てられた、ということである。

それは、われわれの求めた理念と理想に対する侮辱だけではない。今に生きる私たちに対する嘲弄《ちょうろう》だけではない。

それはあからさまに、八九年の「血の日曜日」において、理念と理想のために、祖国と国民のために命を捧げた、私たちの同志の亡霊に対する冒瀆なのである。

だからこそ、それを決して許してはならない。

そんなインチキな「愛国主義」に騙されるつもりは毛頭ない。天国にいる同志たちの名誉を守っていくためにも、彼らの志を無駄にしないためにも、そして私たち自身の尊厳と知性が恣意的に踏みにじられないようにするためにも、少なくとも私自身は、このようなウソ偽りのイデオロギーに戦いを挑まなければならない、と考えたのである。

もちろん、今の中国では、このような挑戦はまったく、孤独な戦いになることを覚悟している。わが同胞の中国人で、おそらくこの私を応援してくれるような人間は、一人も出てこないと思う。

現に、以前北京大学で肩を並べて民主化運動を共に戦った親友の一人は、九〇年代に再会した時には、すでにバリバリの「愛国主義者」となって、教職の傍ら「富国強兵策」の研究に没頭しているようである。

そして前章でも記述したように、私が好きな甥でさえ「愛国青年」となったがゆえに、私という「ニセ日本人」に軽蔑のまなざしを向けてきたわけである。「十三億総愛国者」となった中で、私は独りぼっちなのだ。

それどころか、趙薇さんのような国民的アイドルでさえ、ちょっとした不注意を「売国行為」として取り上げられ罵倒されるようなご時勢だから、「反日」に異議を呈して、「愛国主義」にも弓を引こうとする確信犯の私は、ゆくゆくとわが中国人民から糾弾され憎悪されるような、「売国奴」となってしまうのがオチであろう。

しかしそれでも、私はやはりわが道を行くつもりである。

王様の最後のパンツ

十三億が全員「愛国者」となった中で、一人の「売国奴」が出てきても面白いじゃないかというのは、私流のふざけた自己弁明だが、裸の王様のなりを目の当たりにして、観衆の誰もがそれを、「新衣装」であると信じ込むのであれば、私はあえて無邪気な子供になったつもりで、「あれは裸だ」とズバリ言いたいのである。

そして中国の全国民に向かって、「貴方たちが今信じている愛国主義とは、単に共産党政権という裸の王様が身につけている、最後の一枚のパンツだよ」と叫びたい。

もちろん、今のところ、（私自身の親族や親友を含めた）わが同胞の誰一人も、私の叫びに耳を傾けることはないだろう。「偉大なる中国人民」の皆さんは、今やまさにこの「王様の最後の一枚のパンツ」を錦の御《み》旗《はた》として、「愛国祭り」の集団的陶酔に浸りながら、ヒステリー発作の最中なのである。

しかし、中国人民が決して忘れてはいけないのは、このように煽り立てられた「愛国主義」のヒステリー気分が、より歪んだ形を成していくと、大きな災難がいつか彼ら自身の身の上に降りかかってくるやもしれぬ、ということである。

歴史は、すでにそれを証明している。時の政権や為政者が、何らかの目的でナショナリズムの気分を無責任に煽り立てたあげく、国家と国民全員を戦争と破滅の道へと導いたという歴史上の前例は、あまりにも多いのではないか。

そして今のわが中国は、まさにこのような危険な道へと歩んでいく兆しを呈しているのである。

「偉大なる復興」のモデル

実は、九〇年代から始まった「愛国主義精神高揚運動」において、前述の「国恥教育」と並び、運動のもう一つの指導理念としてもてはやされてきたのは、「中華民族の偉大なる復興」というスローガンである。

つまり国民に対して「国恥教育」を施した後に、今度は彼らに向かってそれらの「国恥」を晴らすべく、民族の復興を成し遂げようと呼びかけ、前向きにその気持ちを奮い立たせようとするものである。

九〇年代後半からの中国では、国家主席の講話から『人民日報』の社説まで、国際試合に臨むスポーツ選手の宣誓から中学生の作文の結びの言葉に至るまで、この「中華民族の偉大なる復興」というスローガンは、まさに国民の間にもっとも浸透した一つの合言葉となり、愛国主義精神高揚運動の、もっとも重要なキーワードとなった観がある。

もちろん、どこの国や民族にとっても、何らかの悪い状態からの復興とは望ましいことであり、特に多くの困難と挫折を経験した中国人民の立場からすると、民族の復興を願うという気持ち自体、別に非難すべきことでもなんでもない。

問題はただ、何への復興なのか、ということである。

中国共産党政府にとって復興とは、彼ら以前の国民党政権時代を念頭におくものでは絶対ありえないし、アヘン戦争から毛沢東時代までの近・現代史において、民族復興のモデルとなりうるような素晴らしい時代は一つもなかった。

中国にとって、「復興」のモデルとなりうるような輝いた時代が近代以前にしか存在しなかった、という簡単な事実からすれば、「中華民族の偉大な復興」というスローガンが目指しているのは結局、かつての中国王朝がアジアに「君臨」した、大漢帝国や大唐帝国の「強き良き」時代への「復興」にほかならない。

そしてそれは、天上天下唯我独尊《てんじょうてんげゆいがどくそん》の自己中心的な、中華思想への回帰でもあるのだ。

そして多くの「愛国攘夷者」から見れば、こうした中華世界への「復興」のもっとも近い道といえば、すなわち戦争なのである。

戦争を熱望する「愛国者」たち

中国共産党の機関紙である『人民日報』が運営する自社サイトの「人民網」には、「強国論壇」と称する掲示板がある。

その名が示す通り、そこでは「いかにして中国を強くするか」をテーマに、一般読者からの書き込みを受け付けている。

私は二〇〇〇年初頭に、反日及びナショナリズムに関する若者たちの意識を探るべく、初めてこの「強国論壇」を開いてみたが、そこで遭遇したのは、まさに戦争と征服と殺戮《さつりく》が高らかに叫ばれるような、狂気の世界であった。

たとえば、二〇〇〇年一月七日に、ある書き込み者が、こう問うたことがある。

「お前たちは戦争によって国を強くすることを考えたことがないのか。略奪こそ国を強くするための近道ではないのか」

このような煽動的な「問いかけ」に対して、志を同じくする呼応者たちがすぐに現れた。

「戦争によって、自らを強くして他国を破滅させるのが古今東西の常であり、そうした例は枚挙に遑《いとま》がない。ジンギスカンをみれば、すぐ分かるだろう。中国を強くするためには、周辺国の征服が必要であり、戦争によって、一気に問題の解決を図るのが、もっとも良い方法だ」

「毛主席がよく教えてくれた。『銃口から政権は生まれる』と。政府が戦争特別基金を設置することを提案する。国民一人一人は金があれば金を出し、力があれば力を貸すのだ。みんなが協力して、中国軍隊を世界一の軍隊に作り上げるのである。そして、われわれの空母を世界中に派遣し、われわれの軍人たちに、世界の隅々までその足を踏み込ませるのである」

「戦争だ。やはり戦争。戦争によってわれわれの敵を潰して、戦争によって周辺の国々を服従させるのだ。それで中国は強国になるのであり、われわれは世界一になるであろう」

このような書き込みから見れば、中国の愛国者たちが、戦争をやることにどれほど熱心であるかがよく分かる。

しかし考えてみれば、第二次大戦後、戦争の悲劇に対する反省から、「二度まで言語に絶する悲哀を人類に与えた戦争の惨害から将来の世代を救う」という趣旨の国連憲章が採択されて、すでに半世紀以上が経っている。

もちろん、その間、戦争が完全に消えた日は一日もなかったが、少なくとも、戦争をなくして平和の永続を保っていこうとする気持ちは、世界中の人々の切なる願いとなり、地球市民たちの共通した価値観となりつつある。

にもかかわらず、二十一世紀という新しい世紀を迎える直前に、これほど戦争を熱望してやまない人間が、またこの地球上に現れてくるとは、まことに奇異というしかないであろう。

しかも彼らは、自国を防衛するためとか、外国からの侵略を受けたために、戦争を考えているわけではない。彼らはむしろ、自国を強くするために周辺国を、「臣化」させる目的の征服戦争を熱望しており、それを公言してはばからないのである。

このような征服戦争によって、愛国攘夷者たちが達成しようとする目的は、当然中国という国の覇権の確立であるが、実はそれは、周辺国に対してのみならず、この地球全体の「主人」になるという、まさに世界制覇の野望なのである。

核、生物化学兵器、テロをも辞さず

次もまた、「強国論壇」に登場したいくつかの書き込みである。

「一つの帝国の台頭は、必ず決定的な意義を持つ戦争を経るものである。英国は一度の海戦によってスペインの海上覇権を打ち破ってから、世界制覇を果たした。アメリカも二度の世界大戦を通じて世界の覇者となった。今はこの枠組みを変えるべき時期に来た。天がわれわれに大任を課した以上、われわれは天意にしたがって立ち上がるのみである」

「われわれは、戦争をやりたい。われわれは、アメリカを打ち破り、日本を打ち破り、われわれの覇権に反対する、すべての勢力を打ち破るのだ。われわれは、血をもって歴史を清算したい。われわれが、世界の主人になるのだ。われわれの野心と前途を阻止できるものは何もない。これは偉大なる中華民族の歴史的使命だ。中華民族は、もっとも優秀な民族であり、われわれは、もっとも優秀な人間なのだ」

「大国の台頭は、必ず拡張の戦争を伴う。われわれは『平和を愛する』という重荷を降ろしておくべきだ。台湾の奪還は、われわれの拡張の第一歩にすぎない。それから日本、東南アジア、アジア全体、そして全世界なのだ。われわれの最後の目標は、世界征服である」

以上の書き込みからも分かるように、中国の一部の愛国者たちが待ち望んでいるのは、まさに世界制覇のための征服戦争であるが、実は、彼らが想定しているこの征服戦争のイメージといえば、それはまた、無慈悲、無差別な大量殺戮としての、「聖戦」なのである。

たとえば、次のような恐ろしい書き込みもある。

「中国が、世界の強国となるために、利用すべきすべての手段をもって、相手に打撃を加えるべきである。必要な場合には、宣戦布告なしの戦いをしかけることもある。さらに敵に対して核攻撃を実行し、敵を徹底的に滅ぼすことも考えられる」

「中国は、核兵器で、アメリカを何度も滅ぼす能力を持つべきである。われわれは、アメリカとの共倒れで一緒にこの地球から消えていく決心をしなければならない。アメリカ人をこの地球から一人残さず抹殺しろ。当然、日本もこの地球から抹殺すべきである」

「われわれは、生物化学兵器などの破滅的な武器の開発に力を入れるべきである。たとえば、細菌・遺伝子兵器なども開発すべきだ。アメリカとは、命をかけてやるのだ。ついでに、その同盟国のフィリピン、日本、インド、オーストラリアも全部滅ぼしてやろう」

「アメリカと開戦すれば、われわれは、全地球上で、アメリカ帝国主義を標的とするテロ活動を行うべきである。中国に反対する勢力ならば、すべて攻撃の対象となり、消滅させるべきである。死者がどれほど出ようと、破壊がどの程度のものであろうと、効果さえあればいいのだ。嵐のような中華聖戦が、もうすぐ開始される。すべての恨みは、血で洗われることになるだろう。玉石ともに焚《た》くのだ。皆殺しだ。中華聖戦万歳！　偉大なる大中華帝国万歳‼」

『人民日報』の「強国論壇」に書き込まれた、それらの狂気の戦争発言を「拝見」していると、中国人の私も、鳥肌がたつような戦慄《せんりつ》を覚えずにはいられなかった。

「世界征服」という荒唐無稽な「夢」を実現するために、中国の愛国者たちは何と、世界一の核保有国のアメリカに対して、核攻撃をしかけようと考えているのであり、そして生物兵器や無差別テロなどのあらゆる犯罪的手段を用いてでも、自らの自己勝手な「目標」を達成しようとしているのである。

もちろん、もし中国という国が、本当に彼らの「献策」を取り入れて、世界征服のための「中華聖戦」を本気でやれば、中華民族自体の滅亡が確実になるだけでなく、この地球上に住む人類全体も、まさに、彼らの言うような「共倒れ」の形で、その道連れにさせられてしまうに違いない。

彼らは、本当は「愛国主義者」でも何でもない。むしろ、祖国を破滅に導こうとする、正真正銘の「国賊」であり、そして、平和を願う全人類にとっての敵なのである。

二十一世紀を迎えようとする時に、わが中国において、このような時代錯誤の「戦争狂人」が出現したことは、まさに中華世界への回帰の危険思想が、その極みに達したことの象徴であろう。

二億五千万人が死んでも止むなし

しかし、前述のような狂気の危険思想の持ち主は、あくまでもほんの一部であり、必ずしも中国全体の風潮を代表していないのではないか、という意見もある。

実は私自身も、一時はそう思っていたし、そう願っていた。

そのような甘い考えを完全に打ち砕かれたのは、前述の掲示板言論を見てから五年後、核戦争にかんする、一人の中国軍人の衝撃発言を聞いた時である。

二〇〇五年七月、中国人民解放軍国防大学幹部である朱成虎教授（少将）は、外国人記者との公式記者会見で、次のような趣旨の発言をした。

「米国が、台湾海峡での武力紛争に軍事介入し、中国を攻撃した場合、中国は核兵器を使用し、対米攻撃に踏み切る用意がある」

そして、朱少将はまた、米国との間で核戦争が起きた場合は、「中国は西安以東のすべての都市が破壊されることを覚悟する。もちろん、米国も数多くの都市が、中国によって破壊されることを覚悟しなければならない」とも述べた。

国内外の複数の報道からこの発言を知った時、私は驚きのあまり言葉すら出なかった。

さっそく、中国の地図を開いて、朱少将が「破壊されることを覚悟する」という、西安以東の中国の都市は、どことどこであるかを調べた。

そして、わが祖国の国土を示した一枚の地図を目の前にして、私の全身に今まで体験したことのない戦慄が走った。

「西安以東」の範囲に含まれている中国の都会は、あまりにも多い。

あの一千万人規模の経済大都市の上海も、同じ一千万人規模の首都の北京も、南中国の経済の中心である広州も、「中国のヘソ」と呼ばれる中部大都市の武漢も、由緒ある歴史の町である洛陽も、風情たっぷりの「六王古都」の南京も、文物の宝庫としての無錫・蘇州も、そしてハルビンも瀋陽も大連も、天津も寧波も廈門《アモイ》も、太原も済南も深圳も、中国の大都市・重要都市の大半は、実にこの「西安以東」に入っている。

つまり、中国の経済と富の中心地としての、歴史と文化の担い手としての、中国という生命体にとって欠かせない大事な臓器としてのそれらの都会が、来るべき核戦争において一瞬にして破壊されてしまうことを、朱少将は、すでに「覚悟」しているというのである。

さらに肝心なことは、「西安以東の都市」に一体どれほどの中国人民が住んでいるかも考

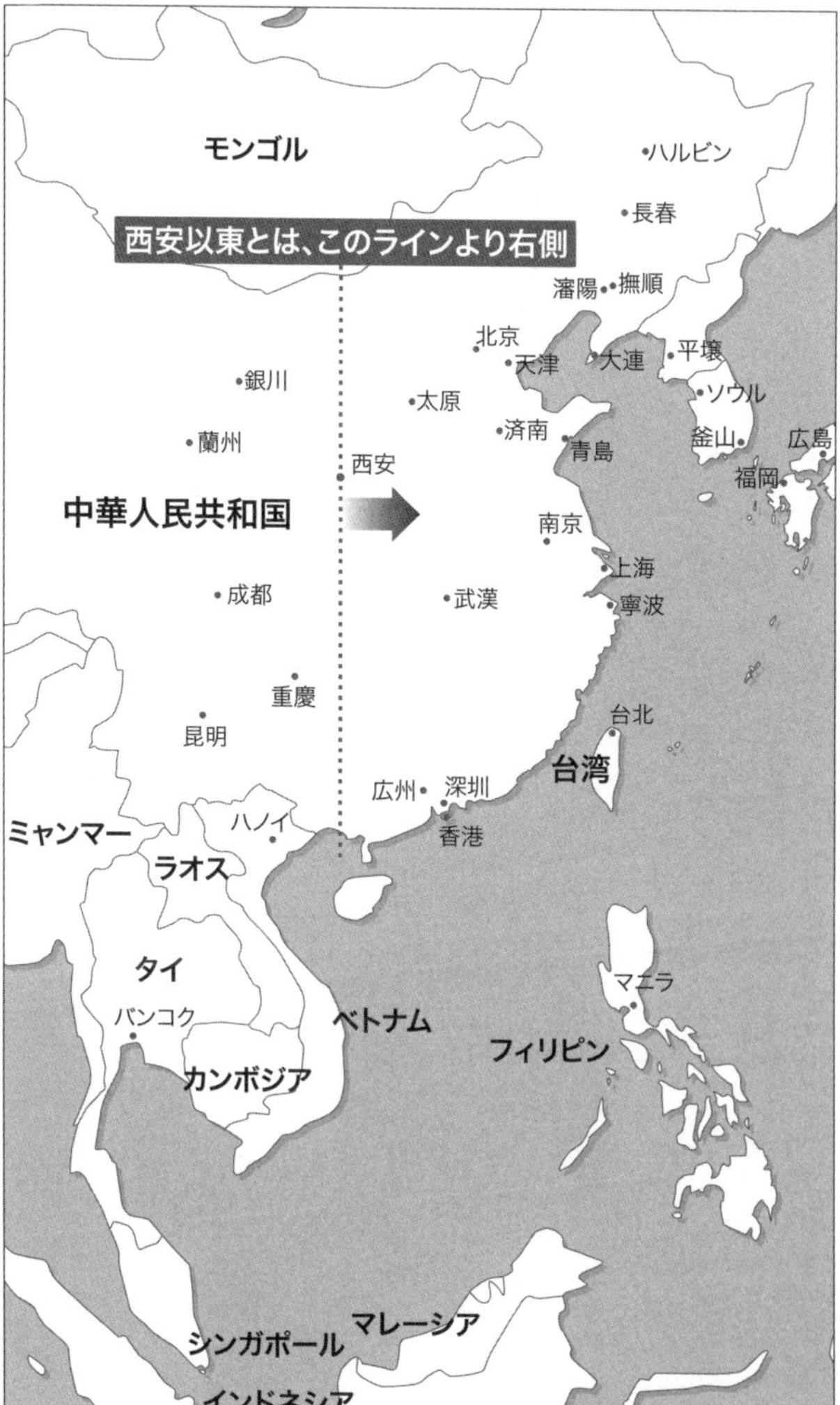
モンゴル
ハルビン
長春
西安以東とは、このラインより右側
瀋陽
撫順
北京
天津
大連
平壌
銀川
太原
ソウル
蘭州
済南
青島
釜山
広島
西安
福岡
中華人民共和国
南京
上海
成都
武漢
寧波
重慶
昆明
台北
台湾
広州
深圳
香港
ミャンマー
ハノイ
ラオス
マニラ
タイ
バンコク
ベトナム
フィリピン
カンボジア
マレーシア
シンガポール
インドネシア

えなければならない。

手元の統計資料に基づけば、中国で、百万人以上の人口を有する百五十以上の都市はまさに「西安以東」に位置しており、大ざっぱに計算すると、二億五千万人以上の中国人民はそれらの都市に定住している、ということである。

二億五千万人、日本の総人口の約二倍の数字である。私自身の親戚も友人も同級生も含めた、二億五千万人以上の中国の人民たちが、それらの「西安以東の都市」に住んでいるのだ。皮肉なことであるが、「強国論壇」などで世界征服の核戦争を夢見ていた、例の「愛国主義者」たちの多くも、その中に含まれているはずである。

そして、来るべき核戦争において、彼らが一瞬にして灰に焼かれてしまうことは、すでに中国人民解放軍の偉大なる朱少将の頭の中で「覚悟」されてしまった、ということである。何という残酷にして、反人道的な「覚悟」なのだろうか。何という無責任で、非人間的な「覚悟」なのだろうか。

しかもそれは、決して好戦的な軍人たちがやけ酒をあおった上での戯言《ざれごと》でも何でもない。中国人民解放軍の少将が、記者会見という、公の場で吐いた真面目な発言なのである。後になって中国政府が、それは単なる朱少将の個人的な意見であって、決して政府の正式見解ではない、との釈明を行ったようだが、今の中国の政治体制下で、一人の軍幹部が「核戦争の発動」という重大事項に関して、党と政府の「正式見解」と違った発言ができると信じるような馬鹿が、一体どこにいるのだろうか。

まことに、恐ろしすぎる発言であり、恐ろしすぎる考えである。

共産党に踊らされる人民の悲劇

要するに、朱少将たちからすれば、「台湾紛争」に介入してくるアメリカ軍に打ち勝つためには、中国が先んじて、アメリカに対する核戦争を、一方的に仕掛ける覚悟であるが、そのために、アメリカからの報復攻撃によって「西安以東の都市」、すなわち中国全体と各地方の経済・文化の中心地となる百五十以上の百万人都市が破壊されても構わない、ということである。

ここでいう「台湾紛争」とは、すなわち大陸側が台湾を併合するために発動しようとする戦争のことにほかならない。台湾側が先んじて戦争を仕掛けるようなことが絶対ないのは、自明のことだからである。

だとすれば、朱少将たちが想定しているアメリカとの核戦争は、まさに大陸側が一方的に、台湾に対して武力行使を敢行した場合に限って起こりうる出来事であるが、逆に言えば、武力によって台湾を中国の一部として「統一」してしまうために、彼らはアメリカとの核戦争の発動も、それによる中国の大半の都市の破壊もいっさい辞さない、と決意しているようである。

台湾を無理矢理に手に入れるために、「祖国の統一」という怪しげな大義名分のために、朱少将たちの眼中には、中国国民の作り上げた財産・富も、中国数千年の歴史が作り上げた文化・文明も、二億五千万人以上の国民の生命も、まさにないも同然である。

何という底なしの愚かさであろうか。何という無責任な狂気であろうか。

しかし、よく考えてみれば、いかなる対価を払っても台湾を取って、「祖国の統一」を完成させなければならない、というような強迫観念の根底には、まさに「中華民族の偉大なる復興」のスローガンに示されるような、中華大帝国再建の時代錯誤的妄想と、中華思想への独善的回帰があるのではないだろうか。

つまり、共産党の党利党略から発せられた、「愛国主義精神高揚運動」が、かつての中華大帝国の「栄光」を取り戻そうとする、国家規模の妄想を生み出し、政権と国民がこのような途方もない妄想に取りつかれている中で、台湾の併合による「祖国統一」は一種の至上命題となり、「神聖なる使命」となった。

こうした中で、「統一」は果たして台湾人民の幸福のためになるかどうか、「統一」は果たして大陸人民の福祉のためになるかどうか、といった肝心な問題は完全に無視された。それどころか、この怪しげな「統一」を果たしていくために、自国の大半の都市と二億五千万人以上の国民の生命を犠牲にしてもよいという狂気の思想は、すでに中国共産党政権の神経中枢を占拠したようである。

共産党政権自身によって煽り立てられてきたウルトラ・ナショナリズムの集団的熱病がいかに恐ろしいものか、「中華民族の偉大なる復興」という大げさなスローガンが、いかに危険な要素を育むものなのか、これで分かっていただけると思う。

結局、中国共産党の標榜する「愛国主義」ほど、この国を誤らせて、国民を地獄へと陥れるような危険な思想はない。中国人民が陶酔している「愛国精神」ほど、彼ら自身の大きな不幸に繋がるような代物はない。そして、中国人民自身がそのことを認識できずに共産党の党利党略に踊らされ「十三億総愛国者」となる結末ほど、この国と民族にとっての悲劇はないのである。

だからこそ、このようなインチキな「愛国主義」は、いっさい拒否しなければならない。ウルトラ・ナショナリズムの集団的熱病と対決しなければならない。「中華民族の偉大なる復興」というとんでもない神話を打ち破らなければならない、と考えるのである。

今の私は、いわゆる「中華大帝国」への「復興」という、時代錯誤の妄想を完全に葬り去ることこそ、中国人民にとって急務ではないかと思っている。

そして、集団的熱病としてのウルトラ・ナショナリズムに決別を告げて、自国の伝統と文化に対する愛着と誇りを持った健全な愛国心を再建する。八〇年代にこの国で輝いた、民主主義国家建設の理念をもう一度取り戻していく。そうした上で、一党独裁的な「大帝国」としての中国ではなく、民主主義的連邦制国家として新生中国を作っていくことこそ、この国と民族にとって最善の道であり、十三億の人民にとっての最大の幸福ではないかと思う。

第4章

日本で出会った論語と儒教の心

大学の教職を追われた両親

私は、中国・四川省の成都市という大都市の出身であるが、五歳から小学校五年生までは、成都から遠く離れた田舎の村で、祖父母と暮らしていた。いわば、都会生まれの田舎育ちである。

私が四歳の時、例の「文化大革命」が始まった。

大学の教師である両親は、当然叩かれる対象として運動に巻き込まれた。その一年後、両親はともに大学から追い出されて、成都近郊の農場で集団生活しながら畑仕事に従事させられる羽目になった。つまり、子供である私の面倒をみられなくなったのである。やむを得ず、両親は私を田舎のお祖父さん、お祖母さんに預けたのだ。

言ってみれば、私という人間は幼児の時からすでに、毛沢東の気まぐれな政治に運命を翻弄される一人だったわけである。

しかし、自分にとってそれは逆に幸いだった。今でも私は、自分が「田舎育ち」であることをありがたく思っている。そのお陰で、田畑や野原や里山を自由自在に走りながら、蛙や虫たちを相手に思う存分遊ぶという、恵まれた子供時代を過ごすことができたわけだから。

今までの人生の中で「故郷」といえば、私がまっさきに思い出すのは、やはり子供の時に見馴れたこの田舎の風景である。

竹林に覆われた緩やかな丘、斜めに広がる一面の田んぼ、田んぼと丘の間に点在する一軒一軒の農家、それらが一つの美しい景色を織り成して、独特の世界を形成していた。

天候の良い日には、小学校の仲間と一緒に午後の授業をサボって、里山の中で遊んだ。夕飯の時間が来て、腹がペコペコになると、山から出て、一気に丘を下って家に帰るのだが、その時、目の前に広がった村一帯の景色が、今でも心の中に焼きついている。

赤い夕日の静けさの中、竹やぶに囲まれる家々の上から、紫色の炊煙がのんびりと立ちのぼっている。何というのどかで、心の温まる景色であろうか。

私にとって、それこそが心の中の永遠の故郷のイメージなのである。

もちろん、「文化大革命」の最中だったから、こののどかな田舎がいつまでも「桃源郷《とうげんきょう》」であったはずはない。

都会の紅衛兵が一度「造反」に来た後、人民公社の実権が地元の「造反派」たちによって握られ、地主たちも、全員殺されたり監禁されたりする、というひどい目に遭った。

しかし、嵐のような「造反運動」に明け暮れる都市部と比べれば、田舎の方はやはり幾分か静かである。紅衛兵たちが去っていくと、「革命」の中心地から遠く離れたこのような田舎には、数千年続いてきた、相変わらずの単調にして平穏な生活が戻った。

お祖父さんは、田舎の漢方医だった。私たちの暮らす村だけでなく、周辺の幾つかの村でも頼りにされる、地域の「名医」であったようだ。

その時、田舎の知識人たちも、ほとんどが「革命」によって迫害を受ける身となったが、お祖父さんだけは無事であった。やはり紅衛兵も「造反派」も、もし自分たちが病気になった場合、この「名医」のお世話にならざるを得ないことくらいは知っていたのだろう。

そういうわけで、祖父と祖母と私、老人と子供からなるこの三人家族の生活は、いたって平穏で安定していた。

小学校では「国語の師匠」

私が七歳になると、村の小学校に通うことになったが、その学校の先生たちはといえば、地元の中学校の卒業生が、そのまま小学校の教師になったようなものである。結局、私の啓蒙教育を引き受けたのは、やはり漢方医のお祖父さんである。

前列左から祖父、私（7歳くらい）、祖母。後列左が父、右が母。旧正月のときの写真。

「算数ぐらいは学校で勉強してもよいが、お前の国語（中国では「語文」という）の勉強だけは、あんな青二才の先生には絶対任せられない」というのがお祖父さんの弁であった。

私が小学校に上がったその日から、熱心な「教育ジジ」となったお祖父さんは、毎日の日課として私一人を相手に、自己流の国語授業を行うことになった。

そのお陰で、国語の成績にかけては、私は常にクラスの一番であった。悪ガキどもが誰も書けない難しい漢字はさっさと書けるし、学校の先生でさえ知らない四字熟語もいっぱい知っていた。この小さな小学校で、私はいつか、国語の「師匠」と呼ばれるようになっていたのである。

そして小学校四年生あたりから、お祖父さんの私に教える国語は、以前とはまったく違う、奇妙な内容になった。

以前は、新聞や本を教材にしていたが、今度は、お祖父さんが一枚の便箋《びんせん》に幾つかの短い文言を書いて私に手渡し、ノートブックにそれを繰り返し書き写せと命じるのだ。しかも、一枚の紙が渡されると、一週間か十日間は同じものを何百回も書き写さなければならない、という退屈極まりない勉強である。

さらに奇妙なことに、明らかに現代語とは違ったそれらの文言の意味を、お祖父さんはいっさい教えてくれなかった。どこから写してきたか、誰の言葉であるかもいっさい語らない。「書き写せ」という一言だけである。

今でもはっきりと覚えているが、それらの文言は、たとえば、次のようなものだった。

「弟子入則孝、出則弟、謹而信、汎愛衆而親仁」（弟子《ていし》、入《い》りては則《すなわ》ち孝、出《い》でては則ち弟《てい》、謹しみて信あり、汎《ひろ》く衆を愛して仁に親しむ）

「不患人之不己知、患己不知人也」（人の己れを知らざることを患《うれ》えず、人を知らざることを患う）

「知之為知之、不知為不知、是知也」(これを知るをこれを知ると為し、知らざるを知らずと為せ。これ知るなり)

「興於詩、立於礼、成於楽」(詩に興《おこ》り、礼に立ち、楽《がく》に成る)

「君子和而不同、小人同而不和」(君子は和して同せず、小人は同じて和せず)

等々であるが、小学校四年生の私には、それらの言葉の意味が、まったく分からないのは言うまでもない。何となく、たいへん意味の深い古い言葉であると分かってはいたが、とにかく、お祖父さんの命令にしたがって、毎日我慢して我慢して、それらの難解な言葉を何百回も、書き写すしかなかった。

しかし、それよりもさらに不思議に思ったのは、この件にかんする祖父の奇怪な態度である。

毎日家の中で、私にそれらの言葉を書き写させながら、学校では、そのことを絶対言ってはいけないと厳命した。書き写した紙やノートは、家の外に持ち出さないように厳重に注意された。

そして、一枚の便箋に書かれた言葉を、十日間かけて書き写した後、お祖父さんはわざわざ、その便箋と私の写したノートを回収してしまうのである。

お祖父さんが私に書き写させたそれらの言葉は、きっと良い言葉であろう。なのに、どうして、悪いことでもやっているかのように奇妙な行動を取るのか、子供の私には不思議でならなかった。

そして、ある日の夜、私は信じられないような光景を目撃することになった。

夜、私がおしっこに起きて、庭にあるトイレへ向かう途中、台所の前を通った時に人の気配を感じた。ひそかに中を覗くと、普段は、決して台所に入らないお祖父さんの姿があった。背中をこっちに向けて、しゃがんで何かを燃やしていた。目をこすってよく見てみると、そこで燃やされているのは紛れもなく、私がお祖父さんから渡された語句を書き写したノートではないか。わが目を疑うほどの、衝撃的な光景であった。

なぜ、どうして、そんなことをしなければならないのか。その当時の私には、まったく分からなかった。

そのナゾが完全に解けたのは、お祖父さんが亡くなった後、私が大学生になってからのことである。

実は、お祖父さんが私にその書き写しを命じたのは全部、かの有名な「論語」の言葉であった。

生徒に論語の言葉の意味をいっさい説明しないまま、それを何百回も書き写させるというのは、まさにお祖父さんの世代の教育法であったが、お祖父さんはこの古式に則ったままの論語教育を、孫の私に施したわけである。

もちろん、このような教育を、まるで悪事でもやっているかのように、ひそかに行ったというのは、別に「古式」に則ったわけでもなんでもない。

それは「文化大革命」時における特異な事情によるものであった。

祖父はなぜ論語を教えてくれたのか

毛沢東の発動した「文化大革命」は文字通り、「文化」に対する革命でもあった。つまり、中国の伝統文化というものに、「反動的封建思想・封建文化」のレッテルを張った上で、徹底的に破壊してしまう、という狂気の「革命」である。その中で、孔子の思想は、当然この葬るべき「反動思想」の筆頭に挙げられている。

そうした状況下で、子供に論語を教えることなど、まさに言語同断であった。「反動思想をもって青少年の心を毒する」大罪として、糾弾されなければならないはずであった。

結局、お祖父さんが私に論語を教えるには、ああするしかなかったのだ。もし、それが外に知れたとしたら、わが三人家族の運命は、ひどいことになっていただろうから。

それにしても、当時のお祖父さんは、どうしてそれほどの危険を冒してまで、私に論語を教えたがったのだろうか。大学生になってあの田舎の村に帰った時、やっとお祖母さんの口からその訳を聞き出した。

実はお祖父さんは、孫の私に自分の医術を全部伝授して、立派な漢方医に育てていくつもりだった。自分の子供たちは、誰一人、彼の医術を受け継ごうとはしなかったから、孫の中でも特に聡明（?）であった私が祖父母の家に預けられた時、お祖父さんはひそかに、このような決意を固めたようである。

そして、祖父の世代の漢方医たちの考えでは医術はまず、「仁術」でなければならないから、お祖父さんは医術伝授の前段階の「基礎教育」として、論語の言葉を私に教えた、というわけである。

しかし、残念なことに、私が小学校五年生の時に、成都にいる両親の元に戻されてから間もなくして、祖父は肺がんで亡くなった。孫の私を漢方医に育てるというお祖父さんの夢は、ついに叶わなかった。

以上が、私が子供時代に体験した、まさに「論語読みの論語知らず」、という奇妙な勉強体験の一部終始であるが、そのお陰で、論語の多くの言葉が記憶の中に叩き込まれた。一つの語句を何百回も書き写せば、ちゃんと覚えていないはずはない。中年になった現在でも、論語の言葉の一つを耳にしただけで、一連の語句は次から次へと、頭の中に浮かび上がってきて、湧くように口元に登ってくるのである。

今から考えてみれば、五歳から小学校五年生までの六年間の田舎での生活が私の心に深く刻み込んだものは、田んぼと山と竹林から織り成される、あの懐かしい故郷のイメージと、「仁」や「礼」や「信」などの単語から構成される、論語の奥深い世界なのであった。

祖父のお陰で、私は「故郷」と「論語」という、自分の人生の原点となる、二つの貴重な財産を得た。

日本で再び出会った「論語」の世界

しかし、小学校五年生の時に成都に戻ると、状況は一変した。

第一章でも申し上げたように、都会の学校で行われている、「新興宗教式」の毛沢東思想教育によって、私はやがて、「毛沢東の小戦士」となっていった。

子供のことだから、新しい環境に入れば、昔のことはすっかり忘れる。今度は、毛主席の語録を頭いっぱいに叩き込まれ、以前に覚えた、意味も出所も分からない論語の言葉などは、徐々に記憶の一番奥に追いやられていったのである。

そして、大学に入ってからは世界観の崩壊を体験し、それを起点にして、民主主義と自由の理念に目覚めて民主化運動に投身していった。このような激動の時代を生きていれば、子供の時のことはもはや、遠い昔の世界のこととなっていったのは言うまでもない。

大学の専攻は哲学であったが、当時の哲学部の授業科目やシラバス（講義細目）と言えば当然、「官学」としてのマルクス主義を中心に組み立てられていた。

大学三年生の時、やっと中国哲学史の授業が始まった。さすがに「孔孟思想」あたりの勉強となると、祖父によって叩き込まれた、論語の文句が一気に蘇ってきた。懐かしく、慣れ親しんだ言葉の数々である。

しかし、その時の自分にとって、それはどうでもよいものであった。

私の心を完全に捉えて「占領」しているのは、やはり「民主」と「自由」という、この時代のもっとも輝かしい合言葉であり、毎日頭の中で考えていたのはやはり、いかに民主化を実現できるか、という書生気分の「天下国家論」であった。

そして大学卒業後もそのまま、民主化運動参加者の一人として教職につき、民主主義の世界に憧れる中国青年の一人として、日本へ留学にやって来た。

自分たちの民主化の夢が完全に破れたのは、この日本留学の時期であった。が、実はちょうどその時、私は意外にも、外国であるこの日本において、数千年前にわが祖国から生み出された、あの「論語」の世界とふたたび出会ったのである。

「天安門事件」が起きた時、私は神戸大学大学院の修士課程一年生だった。

武力鎮圧の後に、中国国内からの情報が完全に途絶えたので、自分で情報の収集に努めるしかなかった。頼りはやはり雑誌や本である。今でも鮮明に覚えているが、その時の日本の書店で新作コーナーの大半を占拠していたのは、「天安門事件」関係の写真集やレポート本であった。

当時は神戸に住んでいたので、よく三宮のジュンク堂へ行った。毎週一度は足を運んでいたから、徐々に時事コーナー以外の本棚も回るようになった。

そしてある日、本屋の奥の人の少ないところに、「中国古典」と標示される棚を発見した。

まさに、目を見張るほどの驚きの光景が、目の前にあった。

「孔子」「孟子」「荀子《じゅんし》」「墨子《ぼくし》」「韓非子《かんぴし》」、それに「論語」「礼記」「史記」「左氏春秋伝」。懐かしい固有名詞がプリントされている本の数々は、静かに、いかにも気品高く、存在感たっぷりの風情で、ずらりと並んでいたのである。

論語関連の本だけでも、本棚の上下数列を占めている。『論語の講義』『論語新釈』『論語物語』『論語の新しい読み方』『論語の世界』『孔子と論語』『朝の論語』『人間学論語』等々、あらゆる角度から論語を読み、あらゆる視点から論語を論じている感じであった。

「論語」という書物は、それほど広く、それほどの熱心さで、日本で読まれていることを初めて知った。

遠い昔の時代に、わが祖国から生まれた孔子様の思想と心は、数千年の時間と数千キロの距離を超えて、この異国の日本の地に生きていたのだ。

私にとっては、まさに驚きと感激の発見であった。

それ以来、書店を訪れるたびに、必ず「中国古典」あるいは「中国思想」のコーナーへ行き、本棚を眺めながら、感動なのか郷愁なのか、自分でもよく分からないような気分に浸っていた。

だが、その時の私には、なぜか論語や孔子を手に取って読もうとする気が起こらなかった。「天安門事件」の直後だったため、心は別のところにあった。

そして、「天安門事件」から半年が経って、徐々に落ち着いて勉強に専念できるようになった時、今度はまた別の思わぬところで、「論語」と再び巡り会った。

フランス思想の真髄をも表す

私の大学院の修士課程での専攻は社会学である。指導教官の先生は、フランスの近代社会学者である、エミール・デュルケームの思想を研究テーマの一つにしていた。

ある日のゼミで、デュルケームの「社会儀礼論」がテーマとなった。その学説を簡単に説明すると、デュルケームは社会統合における儀礼の役割をとりわけ重視し、人々が儀礼を通じて関係を結び、共に儀礼を行うことによって集団的所属意識を確認し、集団としての団結を固めようとするものである、との説である。

今まで、「儀礼」などは単なる形式にすぎず、あってもなくてもよいものではないか、と考えていた自分にとって、デュルケームのこの「社会儀礼論」はかなり新鮮で、たいへん面白かった。

そこで、ゼミの討論時間に、私は自分の意見を述べた後で、思わず次のような「生意気な」感想を付け加えた。

「さすがにフランスの社会学者ですね。深いところを見ていると思います」

それを聞くと、指導教官は顔を私に向けて、口許に薄い含み笑いを浮かべながら、こう言った。

「何を言っているのか君、そういう深いことを最初に考えたのは君の祖先じゃないのか」

意表をつかれて戸惑った私の顔を見ながら、先生は続けた。

「『礼の用は和を貴しと為す』という言葉、君は知らないのかね」

先生が口にしたのは、何らかの古典の漢文であることは、すぐに分かったのだが、その原文は一体なんだったのか、すぐには自分の頭に浮かんでこなかった。

そうすると、先生はペンを取って、メモ用紙にさっと書き示した。

「礼之用、和為貴」という語句である。

先生のペンが止まったその瞬間、私は理解した。

そうか、分かった。あの論語の言葉じゃないか。

「礼之用、和為貴。先王之道、斯為美」

二十数年前に、祖父によって叩き込まれたこの文言の漢字の一つ一つが、鮮明に浮かんできたのである。

「論語の言葉ですね、先生」と答えた。

「そうだ。分かっているじゃないか。君は中国人だから、論語をもっと読みなさい。日本人の諸君も読んだ方がよい。ためになるぞ」と先生は満足げに頷き、この日の「論語談義」を締めくくった。

この日のゼミでの出来事は、多くの意味において、自分にとってたいへん衝撃的だった。日本人の、しかも西洋の社会学を専攻とする指導教官の口から、論語の言葉を聞かされようとは、思ってもみなかった。

そして先生に言われて考えてみると、確かに、「礼之用、和為貴」という論語のこの言葉は、あの偉大なるデュルケームの「社会儀礼論」が言わんとする真髄たる部分を、一言の簡潔さと鋭さをもって、言い尽くしている気がする。しかもそれは、いわば近代的学問が、西洋に誕生する遥か数千年前に、中国の先哲から発せられた言葉であった。

論語とは、それほど奥行きの深いものなのか。中国人の私は、初めて分かったような気がした。

考えてみれば、二十数年前に自分の祖父から、論語の数々の言葉を覚えさせられていながら、不肖の私は、結局、西洋の学問を専攻する日本人教授の啓発によって、あの言葉の持つ本当の意味を、初めて理解できたわけである。

しかし、それはまた、たいへん恥ずかしいことでもあった。

中国人の私は、一体何をやってきたのか。天国にいるわがお祖父さんに、数千年前に生きたあの孔子様に、この不肖の子孫は、一体どのような顔を向けることができるのだろうか。

せっかく論語の言葉をあれほど覚えたのに、どうしてその意味をもっと勉強しなかったのか、と真剣に反省した。そして、「よし、やろう。論語を一度ちゃんと読んでみよう」と決心した。

故郷の田舎で、わが祖父に論語の言葉が書かれた一枚の紙を初めて渡されたあの時以来、実に十七年ぶりに、この日本という異国の地で、私は再び、論語の世界に入ろうとしたのである。

日本人の論語研究者への感嘆

論語を読もうと思えば、テキストは幾らでもあった。最初は、金谷治《かなやおさむ》や宇野哲人《うのてつと》などの碩学《せきがく》の訳注を頼りにして、原文を何回も繰り返して読んだ。

読書の範囲は徐々に日本の儒学研究・思想史研究の大家たちの「論語論」へと広がっていった。

諸橋轍次《もろはしてつじ》の『論語三十講』、吉川幸次郎の『「論語」のために』、岡田武彦の『現代に生きる論語』、武者小路実篤《むしゃのこうじさねあつ》の『論語私感』、安岡正篤《やすおかまさひろ》の『論語の活学』など、大学の図書館にあった錚々《そうそう》たる「論語論議」のほとんどを読みあさった。

それはまた、驚嘆と感激の連続であった。

日本の研究者たちは、これほどの深さで論語を理解していたのか。

論語の言葉一つ一つが、様々な角度からその意味を深く掘り下げられて、平易にして心打たれる表現で解説されていた。

それだけではない。人類社会のしかるべきあり方、政治的指導者の持つべき心構え、われわれ一人一人の持つべき世界観と人生観、他人に対して持つべき思いやりと謙遜、まさに哲学・政治学・社会学・人間学としての論語論議は、縦横無尽に展開されているのである。

しかも、それら先生方の論語を語る言葉の一つ一つには、孔子様という聖人に対する心からの敬愛と、論語の精神に対する全身全霊の傾倒の念が、たっぷりと込められていることに気がついた。

日本の研究者たちは、本当に孔子の人格と心に親しみを感じていて、論語と孔子様をこの上なく愛しているのだ。

言ってみれば、わが孔子とわが論語は、まさにこの異国の日本の地において、最大の理解者と敬愛者を得たようであった。

特に、本場の中国において、孔子と論語がまるでゴミ屑のように一掃されてしまった「文化大革命」時代を体験した私には、この対比はあまりにも強烈なものであった。私に論語の言葉を書き写させた例のノートブックを、夜一人でひそかに燃やしたわが祖父の姿を思い出す時、隣の文化大国の日本で広く親しまれて敬愛されていることが、孔子様と論語にとってどれほど幸運であるのか、感嘆せずにはいられないのである。

「礼儀」において日本人の右に出る者はいない

日本での生活が長くなると、この日本という国で、孔子と論語が生きているのは、決して学問や書籍の世界だけではないことに徐々に気がついた。

たとえば、孔子と論語、ひいては儒教全体がこの上なく強調している「礼」のことである。おそらく、論語が読まれる東アジアだけでなく、この世界中においても、礼儀というものに対するこだわりにかけては、日本民族の右に出るものはない、と言っても過言ではないだろう。「礼儀」というのは、まさに日本人の社会生活の隅々まで浸透している空気のようなものである。

日本を初めて訪れた多くの外国人が感じるように、この私も日本に来て早々、日本の人人の礼儀正しさには、大いに感心せずにいられなかった。

お店に入った時の店員さんの応対ぶりにしても、日本語学校の先生方の態度にしても、人々の振る舞いの一つ一つすべてが親切心を失わずに、何らかの礼儀に則っている感じであった。

特に、例の文化大革命以来、紅衛兵流の荒々しさと「無礼講」が社会的流儀となった中国から来た私には、それがあまりにも新鮮で、あまりにも美しく、あまりにも優雅に見えた。

今でも鮮明に覚えている場面の一つだが、日本留学の身元保証人になっていただいた日本人の家に初めて招待された時、玄関を入ると、この家の初老の奥様は何と、玄関口に正座して私たちを迎えてくれたのである。私が、お世話になる一留学生の身であるにもかかわらず!

その時に受けた「カルチャーショック」は、まさに「ショック」というべき衝撃であった。孔子様のいう「礼譲の国」とは、ほかならぬこの日本であると、心の底から感激したのである。

そして日本語の勉強が進むにつれ、実はこの日本という国の国語こそ、まさに「礼譲の国」にもっとも相応しい言葉であることが分かってきた。

日本語にははるかおよばない中国の敬語

福井県武生市（現・越前市）の、あるお寺の一家にホームステイした時の写真。住職（右から3人目）からは『万葉集』や日本仏教のことを教えてもらった

日本に来る前に、日本語に敬語があることはすでに知っていた。ただしわが中国にも、少なくとも漢方医の祖父の世代までは、たとえば相手に対する敬意を表すために相手の両親のことを「令尊・令堂」と称したり、相手の名字を聞く時に「貴姓は何ですか」と言ったりする習慣があったから、日本語の「敬語」もせいぜいこの程度のものではなかろうか、と思っていた。

　しかし、日本に来て実際に勉強してみると、日本語における敬語とは、中国流の「敬語」のレベルをはるかに超えた、壮大なる言葉の体系であることが分かった。

　中国語の場合、たとえば、相手の両親のことを指す時に「令尊・令堂」などと尊称を使えばそれで事足りるが、こうした中国流の「修辞的敬語」とは違い、日本語の敬語は尊敬や謙遜の意を表すために文法までも規則正しく変えていかなければならないという、一つの組織化された「文法的敬語」の体系なのである。

たとえば、相手の両親に対して「令尊・令堂」と尊称を使うと、当然、「令尊・令堂は元気なのか」のようなぞんざいな聞き方はできない。「令尊・令堂はお元気ですか」「お元気でいらっしゃいますか」と言わなければならないのである。

そして、相手の両親に会おうとすれば、「令尊・令堂に会いたい」とは言わずに、「令尊・令堂にお会いしたい」「令尊・令堂にお目にかかりたい」と言わなくてはいけない。

逆に自分のことを語る場合、「俺は令尊・令堂の世話になっている」などと言う人はいない。「私は令尊・令堂にたいへんお世話になっています」「お世話になっております」と皆が言うのである。

言ってみれば、相手に対する敬意を表すために、修辞から文法まで、言葉遣い全体に細かい心配りを払わなければならないのが、まさに日本語なのである。日本語に敬語がある、というよりも、日本語そのものが、すなわち敬語なのだ。

もちろん、孔子様も言っているように、「己を修めて敬する」ことはすなわち「礼」の基本であるから、「敬」の心を大事にする敬語としての日本語は、そのまま「礼」の言葉としての「礼語」とも言うべきであろう。実際、現代敬語を捉えて「礼語」だと定義する日本の言語学者もいる。

「尊敬語」と「謙譲語」と「丁寧語」という三つの部類の敬語からなる日本語の世界は、まさに「礼の世界」そのものなのである。

しかし、外国人の私にとって、このような「礼語」としての日本語を勉強し、それをマスターするのは、実にたいへんな苦労を伴った。

「何かをする」という時の「する」にしても、「します」「致します」「させていただきます」と、様々な使い分けを覚えなければならないし、自称語一つにしても、「私」「僕」「俺」など、幾通りもの使い方がある。

さらに難しいことに、それらの使い方を単に覚えただけでは何の意味もなく、実際に様々な異なった場面に応じて、異なった相手に対し、それらを適切に使い分けなければならないのである。

日本に生まれ育った日本人なら、自然に覚えるものなので別に苦にもならないだろうと思うが、私たち外国人にとって、それは至難なことなのだ。特に、日本語学校を修了して大学院に入り、「一人前」の留学生として日本人の院生たちと同じ環境の中で行動を共にするようになると、本当の「試練」が始まるのである。

日本語学校で一緒だった中国人留学生の友達の中には、「貴方＝貴い方」という言葉を最高の「敬語」だと勘違いした人がいて、大学院のゼミに出た最初の日、皆の前で指導教官のことを「あなた」と呼んだことで、たいへんな事態となった。

私自身は幸い、それほどの失敗を犯したことがない。しかし、毎日の学校生活の中で、あるいはバイト先の人間関係において、それぞれの異なった相手に対して、その場その場の雰囲気に応じて、しかるべき言葉の使い方を瞬時に判断して選んでいく、という作業の繰り返しは、まさに一瞬たりとも気の抜けない、緊張の連続だったのである。

正しい日本語を使うようにするために、相手に対して失礼にならないように、あるいは全体の雰囲気を壊さないように、人と接している時に、私はいつでも自分の言葉遣いに十二分に留意して、そこに全精神を集中させるよう、緊張していなければならなかった。もちろん、その中で、用法を間違ったり敬語の度が過ぎたり足りなかったりするような失敗を数多く経験した。

やがて、毎日の生活の中で、徐々に自分なりの敬語の使い方の基本、あるいはそのコツのようなものを覚えるようになった。

それは、案外単純なものであった。

真心あってこその敬語

要するに、様々な微妙に違ってくる場面に応じて、言葉の使い方一つ一つを理性的に判断するよりも、むしろ自分の本当の気持ちにしたがって、自分の真心をこめて敬語を使えばよいのだ、ということである。頭で判断するよりも、まず気持ちをこめるべきだ、ということが分かったのだ。

相手に感謝しなければならない時、本当に感謝の気持ちをこめて、「ありがとうございます」と言えばよい。尊敬すべき相手を前にして、尊敬する気持ちが本当にこみ上げてくると、それなりの尊敬語が自然に出てくる。自分が人の前に立つと、いつでも謙遜しなければならないという気持ちにさえなっていれば、ぞんざいな言葉遣いや傲慢な振る舞いはできるはずもないのである。

そして、自分が本当の気持ちをこめて敬語を使ってさえいれば、使い方に多少の不適切さがあったとしても、相手は十分に分かってくれるのである。

要するに、敬語とは本当の敬意をこめて使う言葉であること、「礼語」とはまさに「礼の心」をこめて使う言葉であることが分かった。それなら、このような気持ちと真心をちゃんと持って敬語を使えば、絶対間違いがない、と思った。

このような心構えを理解すると、人の前に出る時、自分に余裕さえ感じられるようになった。感謝すべき相手を前にすると、いかにも感謝しているような気持ちへと、素直になることができた。尊敬すべき人を前にすると、いかにも尊敬しているような気持ちが自然に湧いてくるようになった。改まった挨拶の場面になると、いかにも謹んだような態度で挨拶をすることができるようになった。

それができたら、後はもはや、自分の言葉遣いにそれほど神経を使わなくてもよい。神経を使わなくても言葉遣いは、概《おおむ》ね常識の範囲から外れることはないのである。

そして、たまに大学の指導教官に誘われて、居酒屋で飲むという寛いだ場面なり、先生と気持ちよく談笑している時でも、決して尊敬の姿勢を崩すことはしなかった。院生の仲間たちと一緒に遊んでいて、互いに親しみをこめて、「お前」「俺」の言葉遣いになった場合でも、相手に対する最低限の礼節を忘れることがないように心がけた。

気がついてみると、私はすでに礼儀のもっとも厳しいこの日本社会で、程々に通用するような、人並みの礼儀を身につけた人間になっていた。

日本語を学んで礼節を知る

今から考えてみれば、結局、私が「礼」というものを学んだのは、まさに日本語の勉強を通してである。

敬語としての日本語から入ることによって、私はいつの間にか、尊敬と謙譲の姿勢をごく自然に身につけることができるようになっていた。

「礼語」としての日本語を学び、それを実生活の中で使いこなしていくことによって、私は知らず知らずのうちに、まさに「礼の心」というものを、自分自身の内面において育てることができたのだった。

中国には、「衣食足りて礼節を知る」という有名な言葉があるが、私の場合、結局この日本に来て、「日本語を学んで礼節を知る」ということになった。

もし、漢方医の祖父が今でも生きていて、多少とも礼節に適った言動が取れるようになった私の現在の姿を目にすれば、どれほど喜ぶであろうか。日本を見たことのないわが祖父は、おそらく私という孫の姿勢と態度から、彼の世代の中国人たちが夢見た、あの「古き良き時代」へ思いを馳《は》せることができたかもしれない。

もちろん、このような「古き良き時代」が中国に戻ってくることは、もはや永遠にない。「礼」という言葉と、礼の心を生み出したのは、ほかならぬわれわれ中国人の祖先ではあったが、それが社会の精神として生きているのは、決して現在の中国ではなく、むしろ日本という国においてである。

日本こそ、本当の意味での「礼儀之邦」なのだ。

近代言語学の祖であるソシュールの考えによれば、一つの「言語集団」としての民族の持つ「言語感覚」というものは、まさにこの「言語集団の集団精神」の表れであるという。だとすれば、「礼の心」というものは、まさに礼語としての「言語感覚」を身につけている日本民族の「集団精神」の一部となったはずである。

そういう意味では、外国人の私も、こうした礼語としての日本語の感覚を学んでいくことによって、日本人の「集団精神」に近づくことができたのかもしれない。

「石さんは日本人になったのね」

ある日のことだった。大学院の研究室で仲間の院生たちと雑談している時、私宛ての電話が入ってきた。学外の年長の日本人からである。

電話が終わって席に戻ると、日本人の院生は私の顔を見て「石さんはもう完全に日本人になったのね」と笑いながら言った。「どうして？」と聞くと、「あのさ、さっき、石さんは電話に出た時、喋りながらお辞儀をしていたじゃない。あれはまさしく日本人だよ」と言った。

そう言われると、自分もハハァと笑ってしまったのだが、「なるほど」とも思った。もちろん、自分は本当に日本人になったわけではない。

しかし、電話の相手に向かって、お辞儀するような習慣を無意識のうちに身につけてしまったことからすれば、私という人間の精神の一部分は、すでに文化的存在としての「日本人」になったと言えるのかもしれない。

それは自分にとって、むしろ喜ばしいことではないか。というのも、このような文化的存在としての「日本人」の精神的世界においてこそ、われわれ中国人の祖先たちが生み出した「敬」の心や「礼」の心も、わが聖人孔子様の思想と心情の真髄たる部分も、現代に至るも生きている、もしくは生かされているからである。

中国語にはない「やさしい」という表現

私の好きな日本語の言葉には、「夢」や「潔く」などと並んで、「やさしい」という言葉がある。

「やさしい笑顔」「やさしい心」「人にやさしい」「地球にやさしい」などなど、日本語の中で「やさしい」という言葉で表現されている意味や心情は、実に多彩であり、多岐にわたる。普段の生活の中でも、かなり高い頻度《ひんど》で使われている感じがする。

実は私が、日本語の「やさしい」という言葉の重要性に気がついたのは、ある中国人の留学生仲間との会話においてである。

神戸大学留学中のある日、同じ中国・四川省出身の女子留学生Cさんが、私に電話をかけてきた。私のことを信頼できる（?）兄貴と思っている彼女は、自分が付き合っている異性との別れ話について、色々と相談してきたわけである。その時、たいへん面白い現象が起きた。

私とCさんとは、同じ四川省の出身だから、普段の会話は当然、四川弁で交わされている。その日も当然そうであったが、Cさんが自分の彼氏のことについて色々と語っているうち、次の一言を発したのである。

「我覚得他《ウオジエデタ》 還是一個很《ハアイスーイーゴヘン》やさしい的人《デレン》」（私は、彼はやっぱりやさしい人間であると思う）。

ここで彼女は、中国語で喋っている。実際、この会話の真ん中に挟まれている「やさしい」という日本語の言葉以外は、すべて中国語であった。しかし、中国語で喋っていながらも、自分の彼氏のことを評価して「やさしい人間である」と言う時だけは、彼女は日本語を使った。

そして私も次のように相槌を打った。

「対《デウイ》！　我也認為他是個很《オウイエレンウイタスーゴヘン》やさしい的人《デレン》。作為男朋友《ズオーウイナンボンイユー》 還是不錯的《ハアイスーブツオーデ》」（そうだ、僕も彼はやさしい人間だと思う。ボーイフレンドとしては良い方かもしれない）。

そこで私もやはり、自分の喋っている中国語の中に、「やさしい」という日本語の単語をごく自然に、挟んでいたのである。

しかし、それは一体何故なのか。

中国人同士が中国語で話しているのに、どうしてこの一個所だけ、日本語の単語を挟まなければならなかったのだろうか。

Cさんと喋りながら、従来から日本語の使い方に敏感な私は、やはり不思議に思った。

私はかつて、精神科医の土居健郎《どいたけお》氏の『甘えの構造』（弘文堂）という、日本人論の名著を読んだことがある。Cさんとの電話が終わると、真っ先に思い出したのは、土居氏がこの本の中で紹介した一つの興味深いエピソードである。

彼のところに、日本生まれのイギリス人の婦人がやってきた。恐怖症を患う娘の治療を依頼するためであった。彼女は、最初からずっと、英語で喋っていたが、話が娘の幼少の頃に及ぶと、急に日本語に切り替えた。「あの子は、あまり甘えませんでした」と言ったのである。「甘える」というのは日本語にしかない独特の表現だったからだという。

土居氏がそこで、「甘える」という日本語独特の表現の持つ意味に注目し、それを手がかりにして、「甘えの構造」という日本人独特の精神構造の解明を試みたのは有名な話であるが、このエピソードの持つ意味と、私とＣさんの交わした会話を照らし合わせてみると、それもまた面白いことではないかと思った。

なるほど、例のイギリス人の婦人が娘の「甘え」について語る時だけは、日本語でそれを表現しなければならないのと同じように、私とＣさんは、同じ出身地の方言である四川弁で会話していながらも、Ｃさんの彼氏の「やさしさ」について話す時だけは、やはり日本語の「やさしい」という単語に切り替えなければならなかったのだ。この彼氏も実は、同じ中国人である。が、彼という中国人の性質を評価する時でも、私とＣさんは二人とも、日本語の「やさしい」という単語を使ってしまった。

だとすれば、「甘える」という言葉の場合と同じように、「やさしい」という言葉は、そもそも、日本語にしかない独特の表現ではないのか。私たち中国人同士が喋っている中国語、あるいは中国語の方言としての四川弁には、日本語の「やさしい」という言葉の意味を、そのままぴったりと言い表せるような表現が、最初からないのではないか、ということに気がついた。

中国の「もっとも良い人間」は、日本で言う「ごく普通のやさしい人」

調べてみると、確かにそうであった。

中国の一流学者グループによって編纂された、『日中辞典』（上海商務印書館）の「やさしい」という単語の項目を見ていくと、学者たちが、この言葉の意味を中国語で説明するのに、どれほど骨を折っているのかがよく分かる。

彼らは実に、十個以上の中国語の単語を並べて、この「やさしい」という一言の日本語の意味を説明しなければならなかったのである。

「やさしい」とは、すなわち「善良」であり、「慈悲」であり、「懇切」であり、「温情」であり、「温和」であり、「温順」であると、この『日中辞典』は色々と表現を変えて、さまざまな角度から、この日本語の単語の意味とニュアンスを中国人に伝えようと努力している。しかし、それら中国語の単語のいずれも、「やさしい」という単語の持つ意味のある一面を捉えてはいるが、その全体のニュアンスをそのまま伝えられるものは一つもない。だからこそ、説明するのに苦労するのだ。

さらに面白いことに、この辞典が、「やさしい」という単語を説明するのに使った、それら中国語の単語の一つ一つは、中国語の世界においては、まさに「もっとも良い人間」を形容する場合に用いるような最上級の褒め言葉ばかりなのである。普通の中国人なら、その中の一つでも頂戴できれば、もはや嬉しくてたまらない気持ちになるであろう。

だとすれば、中国語の中で「もっとも良い人間」を褒め称えるのに用いる最上級の言葉を十個以上も集めて、やっと、日本語の「やさしい」という一つの言葉の持つ意味を伝えることができるのだ、ということになるのである。

それを知った私は、「やさしい」とはそれほど素敵な言葉なのか、「やさしい人間」であるとは、それほど素晴らしいことなのか、と初めて分かったような気がした。

しかし、よく考えてみると、この「やさしい」という言葉をふんだんに使っている日本においては、「やさしい人間」と言われるような人々、あるいは、言われそうな人々が、実に多く存在しているのではないか、ということにも気がつく。

少なくとも私自身は、日本での十八年間の生活の中で、実に、夥《おびただ》しい数の「やさしい人間」に巡り会った。

大学のやさしい先生、ボランティアのやさしいおばさん、学生寮のやさしい管理人、八百屋のやさしいおやじ、付き合っていたやさしい彼女、研究所のやさしい先輩と同僚、出版社のやさしい編集長……等々である。

つまり、わが中国で、十個以上の最上級の形容詞をもって称賛しなければならないような「もっとも良い人間」は、この日本では、むしろどこにでもいるような普通の人間なのだ。ごく普通の「やさしい人間」というのは、むしろ平均的な日本人像となっているのではないだろうか。

「甘える」という独特の言葉を持つ日本民族は、すなわち「甘えの精神構造」の持ち主である。同様に、「やさしい」というかけがえのない言葉を持つ日本人は、「やさしさ」が一種の民族の精神的傾向か心性のようなものとなっているのだ。

孔子の説く「仁」と「恕」の道を歩む日本人

それに比べると、形容詞を十個以上も集めなければ、「やさしさ」を説明できない現代中国語の貧困さは、そのまま、現代の中国国民の精神的貧困さの表れであろう、とも考えられる。

もちろん、古の中国と中国語は、そうではなかったはずだ。

たとえば、私が日本で再び読むようになった「論語」には、「やさしさ」の意味を十分に取り込んだ言葉が少なくとも二つはあると思う。

それはすなわち、孔子様が繰り返して語った「仁《じん》」と「恕《じょ》」である。

「仁」というのが孔子様の創始した儒教の、もっとも中心的なコンセプトの一つであることは周知の通りだが、孔子様自身の解説によると、「仁とはすなわち人を愛すること」である。

「恕」という言葉は、碩学の金谷治の訳によれば、それはすなわち「まごころによる他人への思いやり」であるという。

「人を愛すること＝仁」と「他人を思いやること＝恕」は、まさに「論語」のエッセンスとなるような大事なキーワードであるが、この二つを合わせれば、それはそのまま、日本でいう「やさしい心」となるのではないだろうか。

この「仁」と「恕」こそ、「やさしさ」の極意なのだ。「やさしい人間」であることは、すなわち孔子様の理想とする「仁」と「恕」の道を歩む人間なのである。

言ってみれば、現代の中国語においてすでに死語となっている「仁」と「恕」は、今や形を変えて、「やさしい」という素晴らしい日本語の単語の中に生きているのだ。そして、「論語」の中でもっとも大事にされている「仁の心」と「恕の心」は、まさに「やさしい人間」として、多くの日本人たちの精神構造の中で息づいているのである。

そうなると、「孔子の道」も「論語の精神」も、もはや格別に難しいことでもなんでもないことになる。

ごく普通の「やさしい人間」である日本人の場合のように、ごく普通の「やさしい心」を持っていればそれで良いのだ。それなら、この不肖の私にもできるのではないか、と思った。

それはまさに私という中国人が、「やさしい」という日本語との付き合いを通して、そして「やさしい人間」の見本であるかのような多くの日本人たちとの付き合いを通してたどり着いた、わが祖先の古の道の再発見であった。

江戸に生きた儒教の忠実な実践者

日本人が、「論語」をよく読むようになったのは江戸時代からであるようだが、私は留学を終えて就職してから、この江戸時代の日本儒学にもふれ合うことができた。私の就職先の民間研究機関のトップは、とりわけ儒学に心酔し、造詣《ぞうけい》の深い人間であったから、その奨めもあって、私も江戸儒学を色々と勉強することができた。

その当時、関西に住んでいたこともあって、江戸時代に近畿地方一円で活躍していた、多くの儒学者たちのゆかりの地や遺跡を、実際に訪ねて歩いた。そして、私はすっかり彼らのファンになった。

近江聖人の中江藤樹《なかえとうじゅ》、石門心学《せきもんしんがく》の創始者の石田梅岩《いしだばいがん》、大坂の懐徳堂に集まって儒学を研鑽する商人たち、そして、京都の丸太町に堀川を挟んで同時に塾を開いた、かの伊藤仁斎《いとうじんさい》と山崎闇斎《やまざきあんさい》、江戸儒学の錚々たる碩学たちはこの近畿の地に雲集していたのである。

彼らの学問や思想について、私の勉強はまだまだ浅いので、ここで語る資格はない。

それよりも、中国人の私がとくに惹かれて感嘆してやまないのは、やはり彼らの生き方である。

中江藤樹の場合、武士という身分と家禄を自ら捨てて、故郷の寒村に戻り、酒の小売りをして生計を立てながら、母親に孝養の心を尽くして、「愛敬の孝徳」を説いた。

大坂の懐徳堂に生まれ育った中井履軒《なかいりけん》は、生涯、借家を転々とする、貧困にして不安定な生活を送ったが、八十六歳で最後の借家で死ぬまで、彼は市井《しせい》の儒学者として私塾を開きながら、「七経逢原《しちけいほうげん》」という三十三冊からなる経書の学を成した。

もっとも心を打たれるのは、やはり石田梅岩の人となり、その生き方である。

二十三歳の時に、丹波の田舎から京都の町へ再び奉公に出た彼は、主家に仕えて二十年、ようやく番頭になって「暖簾《のれん》分け」の道が開けたその時、それをあっさりと断って、別の道を目指した。百姓の家に生まれて「無学」の町人であるはずの彼は何と、自らの塾を開いて儒学を講釈することを志したのである。

そして六十歳で死去するまで、ほとんど謝礼なしで、講釈を熱心に続けて、多くの町人や庶民たちを教化していたが、彼自身は生涯独身を通し、淡々たる自炊生活を送ったという。

梅岩が死去した時、彼の残した「私財」は何かといえば、「歿後《ぼつご》宅に遺りし物、書三櫃《ひつ》、また平生人への問に答へ給ふ語の草稿、見台・机・衣類・日用の器物のみ」と記されているのである。

しかし、石門心学の祖となるこの人物は、後世の日本人のために、ひいては儒学全体のために、どれほど素晴らしい心の遺産を残したか。

武士であったり、儒学者の倅《せがれ》であったり、農家の次男であったり、前述の三人の江戸儒学者は、その身分と出自こそまったく別々であるが、この三人とも「学」を志して「道」を求めていく、いわば世間の栄誉富貴《えいよふうき》を捨てて清貧に甘んじ、まさに求道者として、一途の人生を淡々と貫いたのである。

彼らの求めた「道」というのは当然、孔子と論語の教える儒教の道であるが、よく考えてみれば、彼らの貫いた市井の貧乏儒者としての淡々たる人生こそ、儒教の道のもっとも忠実な人間的実践ではないだろうか。彼らの生き方こそ、かの孔子様が、もっとも理想としている、本来の儒教的生き方ではないだろうか。

孔子はかつて、「論語」の中で、「士志於道、而恥悪衣悪食者、未足與議也」と語った。碩学・金谷治の翻訳を借りれば、それはすなわち、「道を目指す士人でいて、粗衣粗食を恥じるような者は、ともに語るにたりない」という意味である。

孔子はさらに、「君子、食無求飽、居無求安」と語ったこともある。同じ金谷治の翻訳によると、それはつまり「君子たる者は、腹いっぱいに食べることを求めず、安楽な家に住むことを求めない」ということである。

もちろん、孔子様は別に、わざわざ「悪衣悪食」であることを「奨励」しているわけではない。ちゃんと食べていくことよりも、飢えている方がよい、と言っているわけでもない。この古の聖人は単に、君子として「道を志して」いく以上、どんな苦境におかれても、クヨクヨせずに、平常心でわが道を悠然と行くべし、と教えているのであろう。後世の儒者の言葉でいえば、要するに「安貧楽道」=「貧に安じて自らの信じる道を楽しむ」ということである。

「学を楽しむ」者はもういない

孔子自身は、その最愛の弟子である顔回《がんかい》の人生の実践において、まさにこのような「君子たる道」の典型を認めたわけである。

孔子が顔回を評するに、次のような有名な言葉がある。

「賢哉回也。一箪食、一瓢飲、在陋巷。人不堪其憂、回也不改其楽」

それは、金谷治によって次のような現代語に訳されている。

「えらいものだね、回は。竹のわりご一杯のめしと、ひさごのお椀一杯の飲み物で、せまい路地の暮らしだ。他人ならその辛さに耐えられないだろうが、回は、そうした貧窮の中でも、自分の楽しみを改めようとはしない」

さらに、儒学研究のもう一人の大家である宇野哲人の解釈によると、ここでいう顔回の「楽しみ」とは、すなわち「道を楽しむ」ことである。

孔子様には、七十二人という多数の名弟子がいたようだが、孔子自身から見れば、「陋巷」に住み、「一箪食、一瓢飲」の清貧の生活に甘んじながら、「道を楽しむ」生活を送ったこの顔回こそ、自分の考えと理想をもっとも体現した、かけがえのない一番弟子であったに違いない。

だから孔子は、他の弟子の前では「自分も顔回にかなわない」と公言して憚らないし、顔回が若死にした後には、「学を好む者」はもはや誰もいなくなった、と嘆いたという。

孔子の時代が過ぎた後世の中国においても、顔回のような純粋にして一途な「学を好む者」はなかなかいなかった。特に、隋王朝の時代に「科挙制度」が導入されて以来、「学を好む者」は、この中国の地から完全に消えてしまったと言ってよい。

周知のように、科挙制度というのは、すなわち儒学を中心科目とする国家試験を通して官僚を採用するシステムであるが、それが一旦定着すると、「読書人」たちにとっての儒学の勉強は単なる官僚になるための手段となり、いわば飯の種と出世栄達の道具、と化したのである。

だから「顔回」は、もはや永遠に出てこないのだ。

科挙制度導入後の中国において、孔子の目指した儒教は実質上死滅した。天国にいる孔子様は、もし、後世における儒教の有り様を目の当たりにすれば、ますます「学を好む者なし」と嘆かなければならないに違いないだろう。

しかし、この孔子様も思いもよらないことに、二千数百年後、日本という異国の江戸時代において、その愛弟子の顔回を彷彿《ほうふつ》とさせるような、「学を好む者」が続々と現れてきたのである。

前述の中江藤樹や中井履軒、そして石田梅岩、その一人一人は、富貴や栄達をものともせずに、生涯を通して「一簞食、一瓢飲」の淡泊清貧の生活を送りながら、まさに、「学を好み道を求める」生き方を貫いたのではないだろうか。彼らこそは顔回の再来であり、孔子の理想の正真正銘の継承者ではないだろうか。

孔子様の偉大なる理想は、この扶桑の国の江戸時代に蘇った。

「心の故郷」はもはや中国にはない

中国で日本の江戸時代に当たるのは、中国の最後の王朝である清帝国の代である。清王朝も当然、儒教を「国教」に奉っているが、その三百年近くの王朝史において、本物の儒学者はついに一人も出なかった。支配者の満洲族のお家芸である思想弾圧によって、儒学の精神が完全に窒息させられる中、読書人といえば栄達富貴を求める、「名利の徒」ばかりであった。

このような時代において、中国には、もはや本当の儒学というものはない。儒学の思想と精神が受け継がれていたのは、ほかならぬ中江藤樹や石田梅岩などの求道者を輩出した江戸時代の日本なのである。

そして近代になってからも、こうした日本的儒教の流れは、脈々と受け継がれていった。明治という栄光の時代を切り開いた、幕末・明治期の偉大なる指導者たちの精神の根底には、彼らが、幼い頃から私塾や「郷中《ごじゅう》教育」などで学んだ論語の心が生きていた。近代日本人の心づくりの拠り所となった「教育勅語」には、日本的儒教思想が基本理念の一つとして取り入れられた。アジア唯一の独立近代国家であるこの日本において、儒教は新しい時代の指導精神として、生き延びることができた。

そして、日本という素晴らしい近代国家を作り上げた、「和魂洋才」という大和民族のエートスにおいてこそ、儒教が単なる「歴史の文物」としてではなく、まさに思想的DNAとして、人間的精神と行動原理として、新しい生を得た。

儒教とは、まさに近代の日本によって再生され、近代の日本と共に輝いたと言えよう。

もちろん、このような儒教の心は現在でも、日本人の生活や言葉、日本文化と日本的精神の中に生きているのである。

一方のわが中国において、近代という時代は、まさに「打倒孔家店」という過激な「革命スローガン」に象徴されるような、儒教の一掃運動とともに始まった。

中国の近代は、すなわち、儒教の受難の時代でもある。特に毛沢東の共産党政権下の暗黒時代になると、儒教を含めた、中国のいっさいの伝統思想と文化は、時の権力によって意図的かつ組織的に、徹底して破壊された。

儒教の心が窒息させられたのは清王朝の時代であったが、その後、毛沢東共産党の手によって、「孔廟」という建物を除いては儒教的伝統というものがまさに根こそぎにされ、この中国の地から跡形もなく消え去ったのである。

そして、今の中国の大地で生きている中国国民こそ、論語の心や儒教の考え方からはもっとも縁の遠い国民精神の持ち主であると、多くの中国人自身が認めざるを得ない厳然たる現実なのである。

少なくとも、私自身からみれば、世界にも稀に見る最悪の拝金主義にひたすら走りながら、古の伝統とは断絶した精神的貧困の中で、薄っぺらな「愛国主義」に踊らされている現在のわが中国国民の姿は、まさに目を覆いたくなるような醜いものである。

そういう意味では、私自身一人の中国出身者でありながら、むしろ日本という国と、この国に受け継がれてきた伝統と文化に親近感と安らぎを感じていて、一種の精神的な同一感を持つようになったわけである。

今の私には、わが祖父が私に論語をひそかに教えた、あののどかな故郷のイメージと現在の中国の姿とは、どうしても結びつかない。その故郷の地理的場所が間違いなく中国国内にあるにもかかわらずである。

私の「心の故郷」は、もはや今の中国にはない。

「礼儀之邦」のこの日本において、論語の心が生かされているこの日本的「集団精神」において、自分自身の心の拠り所と、精神的安息の地を求めようとするのが、現在の私の偽りのない気持ちなのである。

第5章

わが安息の地、日本

美意識の集大成「唐詩宋詞」

私は、幼少の頃に漢方医の祖父に、論語の言葉を叩き込まれたが、もう一つ大事なものも覚えさせられた。昔の中国の知識人であれば、誰もが身につけなければならなかった教養の一つである。

中国風にいえば、「唐詩宋詞」という表現になるが、日本的言い方をすれば、それはすなわち漢詩の世界である。

遠い昔から、中国の一流の知識人のほとんどは、そのまますぐれた漢詩の作り手でもあったから、数千年の文化史の中で夥しい量の漢詩が作られてきた。その中でも、唐王朝の時代に、李白や杜甫などによって吟唱された「唐の詩」と、宋王朝の時代に蘇東坡《そとうば》や陸游《りくゆう》などによって歌われた「宋の詞」はもっとも優れていたので、合わせて「唐詩宋詞」と呼ばれるようになっている。

およそ唐の時代と宋の時代は、中国の文化史上でもっとも輝いた「古き良き時代」の代表格であったから、その時の一流の文化人、知識人の手によって、生み出されたこの「唐詩宋詞」の世界こそ、古典的中国人たちの美意識と世界観の集大成であり、高雅さと洗練さと精神的豊かさの結晶なのである。

たとえば、私自身がもっとも好きな唐詩の一つに、次のようなものがある。

千里　鶯《うぐいす》は啼いて　緑　紅に映ず
水村　山郭　酒旗の風
南朝　四百八十寺
多少の楼台　煙雨《えんう》の中

それは、唐の時代の詩人である杜牧がうたった、「江南の春」という詩であるが、杜牧がこの詩で思いを馳せたのは、唐の時代以前の南北朝時代における、南朝首都の建康（今の南京）の風景である。

周知のように、紀元二〇〇年頃に、大帝国の漢王朝が崩壊してしまうと、中国は「三国・魏晋南北朝」という数百年にもわたる乱世の時代に突入した。そして、この乱世の時代においての、遠い異国のインドから大乗仏教が伝わってきて、中国の伝統思想の一部と融合しながら、中国全土に広がっていった。

特に南北朝の時代、漢民族中心に作られた南朝においては、仏教が盛んになって、一時は宗教と文化の中心的地位を占めるようになった。南朝の一つである梁王朝の時代、首都の建康だけでも、五百に余る壮大華麗な寺院が建ち並び、史上最大の「仏都」として繁栄を極めた。

「南朝四百八十寺」という句で有名な「江南の春」は、まさに、この時の建康周辺の風景を想像して歌ったものである。

鶯の鳴き声と、山々を覆う新緑と紅の花が作り出した、心の洗われるような自然風景、ぬくもりのある「酒旗」で飾られる、「水村山郭」という人の里の温かさ、そして、煙《けぶ》るように降る細雨の中にかすかに見える寺院の楼閣の佇まい。いわば自然と文化と信仰は、わずか二十八文字のこの一句において渾然一体となり、昔の知識人なら誰もが郷愁を感じるような、理想郷としての心の世界を織り成しているのである。

文学的感受性に乏しいこの私でも、杜牧の「江南の春」を詠んで以来、その描き出す美しくて風雅なる世界に、すっかり心酔するようになった。

それを何度も何度も吟唱しながら、あの「南朝四百八十寺」の時代、そして杜牧自身が生きていた華やかな唐の時代を夢見ていた。そして、自分の生きているこの中国にも、かつてはこのような素晴らしい世界があったのかと、いつも感慨を覚えずにはいられなかったのである。

というのも、小学生の時に祖父にこの名句を覚えさせられてから成人してこの国を離れるまで、私はこの中国で、「江南の春」がうたったあの信仰と雅の世界の面影らしきものには、ついに一度も出会わなかったのである。

かつて、建康であった南京へは何度も行ったことがあるが、「四百八十寺」などはどこにもない。

八〇年代までには、いくつかのお寺が辛うじて残されていたが、それも廃寺となる寸前の荒廃ぶりであった。九〇年代後半になると、いわば「市場経済」の氾濫する風潮の中で、それらのお寺は一転して脚光を浴びた。現代風にきらびやかに「包装」されていて、いわば観光ポイントの一つとして活用されるようになった。

だが、そこにはもはや宗教的厳粛さや文化的香りのかけらもない。単なるこの俗世の雑踏の中の、一つの俗っぽい商売上の施設にすぎないのであった。

もちろん、それは、南京だけに限ったことではない。おそらく現在のアジアで、もっとも宗教的雰囲気の感じられない国を一つ挙げれば、まず中国ではないかと思う。考えてみれば、まさに寂しい限りである。

かつての中国は、インドから大乗仏教を導入して、それを中国風に消化、吸収しながら、天台宗や華厳宗や浄土教などの、壮大にして多彩な中国仏教の世界を生み出した。それがやがて、朝鮮半島や日本に伝わって、東アジアの世界を信仰心と美意識の高さを誇った一大仏教文化圏に育て上げたことは、周知の通りである。

しかし、残念なことに、中国本土においてどういうわけか、大乗仏教はやがて衰退の一途をたどった。特に近代になると、近代化はすなわち伝統からの離反だと考える「革命思想」が流行った中で、仏教も儒教も、伝統的信仰と文化がないがしろにされてきたのである。

「高尚と優雅」が去って「腐敗と堕落」が来た

そして一九四九年に、中国の歴史はその運命の年を迎えた。

この年に樹立されたのは、かの毛沢東の共産党政権であった。それから毛沢東が死ぬまでの二十七年間、共産党政権はまさに、その独裁政権の持つあらゆる力を総動員して、中国という国の伝統と文化の一切に対する、根こそぎの殲滅《せんめつ》作戦を組織的に展開したのである。

いわば、「毛沢東邪教」というものを人々の心に植え付けていくために、彼らは儒教と仏教と道教など、数千年にわたって中国人の心を支えてきた良き宗教と信仰のすべてを跡形もなく破壊し尽くした。長い歴史の中で洗練されてきた、あの高尚で優雅な文化的精神世界を、共産主義的野蛮と狂気の中に葬り去ったのである。

中国という国はこれにより、自国の伝統から完全に断絶した異質な国となったわけである。言ってみれば、伝統的中国と同じこの国土に、まったく違った一つの「異国」が誕生した。中国はもはや、あの「唐詩宋詞」の中国でもなければ、儒教的「礼儀之邦」や仏教的信仰世界としての中国ではなくなった。

この国には、もはや信仰心もなければ、神仏に対する敬虔《けいけん》の念もない。洗練された美意識もなければ、優雅なる文化的香りもない。あるのはただ、十三億の民の心に広がる精神的砂漠である。

最近では、あの『人民日報』でさえ、「信仰の危機こそわれわれが直面する最大の危機だ」と、嘆かなければならないほどの深刻な事態である。

そして、この未曾有《みぞう》の精神的砂漠の上に、今度は鄧小平流の実利主義的「市場経済」というものが導入されてしまうと、いわば「十三億総拝金主義」とも言うべき、史上最悪の資本主義社会が、たちまち、この地球上に誕生したのである。

今や中国の大地は、腐敗と堕落、悪徳と無恥が大手を振ってまかり通るような、混濁の世と化しているのである。

不幸にも、このような時代に生きている私のような要領の悪い「時代遅れ」の中国人は、まさに、仏教でいう「厭離穢土《おんりえど》」のような気持ちで、この醜い現実から目をそらすしかない。そして、一人で「唐詩宋詞」でも詠んで、遠い昔の「古き良き時代」にささやかな心の慰めと、わが民族の失われた理想郷を求めていくしかないのである。

もちろん、それは、まったく現実的意味のない夢であることは、よく分かっている。失われた世界は、もはや永遠に戻ってこない。あの「南朝四百八十寺」の「江南の春」には、自分はもはや夢の中でしか、出会うことができないのではないか、と思っていた。

少なくとも、日本にやって来る前には、そう思うしかなかったのである。

嵐山で言葉を失う

私にとってはたいへん意外なことだったが、一九八八年の春に日本に来てまもなく、感動的な出会いが私を待っていた。

日本に来たのはこの年の四月だった。そして五月のある日曜日、私の日本留学に助力してくれた中国人留学生の親友が日本人の彼女と一緒に、私を京都観光へと案内してくれた。日本に来て、初めての物見遊山《ものみゆさん》である。

今でも鮮明に覚えているが、それは五月の小雨の降る涼しい日であった。親友が案内してくれたのは、観光名所の嵐山、嵯峨野周辺だった。

もちろん、その時の自分は「あらしやま」と聞かされても、どういうところかまったく知らなかった。かの周恩来が、日本留学時代に見物に行って詩を詠んだ場所だと親友が言うので、まあ、多少風光明媚《ふうこうめいび》な観光地の一つではなかろうかと、漠然と思いながら案内役の二人に付き従った。

阪急電車の嵐山駅から歩くこと数分、一本の川（桂川）のほとりにたどり着いた。そして、一面の景色が目の前に広がったその瞬間、私は息をのんだ。

新緑に抱かれる山々が、乳いろの山霧にかすんでいる。

山の麓からは、青く澄んだ川の水がゆったりと流れてくる。

古風な形をもつ一本の橋が、清流の上に優雅にまたがり、川の向こうには伽藍《がらん》らしき屋根が幾つか、煙雨の中でかすかに見えている。

それはそのまま、一幅の水墨画のような恍惚境であった。

私はしばらく言葉を失い、二人の連れの存在も忘れた。ただ目を細めて、静かに、心ゆくまでうっとりと、目の前の景色を眺めていた。

もちろん、それは自分が生まれて初めて目にした、嵐山の五月の小雨の景色である。しかしどういうわけか、それを見知らぬ異国の風景として眺めている感覚が、まったくなかった。

いや、むしろ、どこかで見たような、懐かしい思いだった。夢の中で見たのか、想像の中で見たのかよく分からないが、それは間違いなく、自分の心がごく自然にその中に融け込むような「なじみ」の風景である。

二人の案内役に促されて、川の流れに沿って歩き出した。そして渡月橋と呼ばれるあの優雅な橋を渡りながら、対岸の山や楼閣を眺めては、水墨画の中にそのまま入り込んでいく感じだった。

やがて、「水墨画」の中での逍遥《しょうよう》が始まった。それは、感動と感慨の連続であった。

天竜寺に入ると、生まれて初めて、禅寺の枯淡《こたん》にして、気高い雰囲気に接して、日本庭園の優美さと洗練さに目を奪われた。

深い緑に包まれた常寂光寺の閑寂な境内で、均整のとれた美しい多宝塔を見上げながら、聖なるものに対する敬虔の念を抱かずにはいられなかった。

美しい青竹に覆われた祇王《ぎおう》寺も印象的であった。一面の苔に包まれた庭園と、わら葺の庵の趣深い佇まいを前にして、人生の中で一度も出会ったことのない、「一味清浄《いちみせいじょう》」の世界に身を包まれた。

中国の昔の仏教聖地である五台山の清涼寺からその名を取った、清涼寺の落ち着いた境内を散策してから、竹林の間の小径を通って、深山幽境の趣のある直指庵を訪ねた。

それ以外にも、臨川寺、二尊院、滝口寺、厭離庵等々、多くの寺々の山門からその静寂な境内をのぞいた。

この周辺を午前から半日歩き回っていても、まったく飽きることはなかった。生まれて初めて、それほどたくさんの寺々が甍《いらか》を争って、雲集している光景を目にした。生まれて初めて、一つの厳かにして奥行きの深い仏教の世界に出会った。歩きながら、私は静かな感動を味わい続けた。

「江南の春」が京都にあった

この日の観光の最初に、桂川のほとりに立った瞬間に目にした、あの水墨画のような風景を思い出した。

今、自分が歩いているのは、まさに、川の向こうから煙雨を透して、かすかに見えていた、あの仙境の真ん中ではないのか。そして、美しい山水に囲まれているこの清らかな仙境は、まさに信仰と雅の仏教世界の浄土ではないのかと、まるで夢の中のようだった。

その時だった。あの杜牧の「江南の春」の詩句が突如脳裏に浮かんできたのである。

南朝四百八十寺
多少楼台煙雨中

今までに、何度も何度も、吟唱しながら思いを馳せた、古き良き時代のわが南朝古都の光景を描いたあの永遠の名句、わが祖国の永遠に失われた理想郷の名残《なごり》としてのあの不朽《ふきゅう》の名句。

そして今、この京都の嵐山一帯に、自分が佇む、この水墨画のような仙境の中に、この名句の詠ったその通りの風景が、そのまま再現されている。自分が今まで、夢や想像の中でしか接したことのない、あの古の信仰と雅の世界が、そのまま、目の前に現れているのである。自分は今、時間と空間を超えて、宗教的厳かさと文化的香り高さが渾然一体《こんぜんいったい》となったこの心の風景の真ん中に、わが身をおいている。

その時の感激は、もはや、言葉で言い表しきれないものであった。

もちろん、自分が目の当たりにしているのは、杜牧が実際に目にした、あの古き良き時代の中国ではない。それは、日本の古都、京都の一角の風景であり、日本の歴史と文化が作り出した、日本的宗教と美学の世界なのだ。

日本に来て一カ月、私は初めて、本当の「日本」に出会い、日本の心と伝統に触れたのだった。

しかし私にとって、それはまた、単なる海外旅行における、物見遊山ではなかった。単なる異国の文化との出会いでもなかった。

この私にとって、日本の心と日本の美学、日本の伝統と日本の文化とのこの最初の出会いは、そのまま、わが祖国の失われた伝統と文化の面影との最初の出会いでもあった。一人の懐古的情緒を持つ中国人青年として、心の中でひそかに夢見てきた、わが祖国のあの古き良き時代の厳かにして清らかな信仰と雅の世界との、最初の出会いであった。

生まれて初めて、「日本」というものを発見したと同時に、生まれて初めて、わが心の中の「祖国」をも発見した。人生の中で初めて、日本的宗教と美の世界に出会ったと同時に、人生の中で初めて、本当の意味での信仰と雅の世界に触れた。

それは、一九八八年五月の、小雨の降る、ある日曜日のことであった。

祖国への思いを「日本文化への憧れ」に投影させる

それ以来、私はこの日本で、京都の信仰と雅の世界に魅了され続け、その名所古跡の一つ一つに凝縮されている、日本的伝統と文化の素晴らしさに心酔《しんすい》するようになった。

特に例の「天安門事件」以後、「祖国喪失」の心情に陥っていった私は、この京都の世界にいっそうの郷愁を感じるようになり、勝手ながらも、わが心の祖国への思いを日本的伝統と文化への憧れに投影させた。

京都の寺院にて。京都の信仰と雅の世界に、わが心の中の「祖国」を発見した思いだった

神戸に住んでいた、留学生時代の六年間、よく一人で阪急電車に乗って、京都散策へ行った。

そして留学を終えて就職すると、さらに嬉しいことになった。就職先の研究所は、京都にあったのである。私はいっそう、京都にのめり込んだ。遂に、京都の雅を「独り占め」にして、満喫できるような「優雅な身分」となったわけである。

京都という町をまるでわが家の庭であるかのように、隅から隅まで歩き回った。

華やかな桜の季節の嵐山や、仁和寺《にんなじ》や哲学の道、鮮やかな紅葉に彩られた南禅寺や永観堂や東福寺、真夏の暑さを忘れさせる、深い緑に包まれる高雄の山寺、真っ白な雪に覆われてこの世の浄土と化する大原の里、京都の寺院や名所は、季節ごとに風情たっぷりであった。

信仰の心と自然の美しさが、これほど渾然と融合しているのは、やはりこの日本の京都においてである。

山科《やましな》にある毘沙門堂《びしゃもんどう》という、あまり知られていない門跡寺院も好きだった。秋の紅葉も綺麗だったが、何よりも心惹かれたのは、随心院の「蘭亭曲水図屛風」であった。

それはもちろん、書道史上最大の大家である、わが王羲之《おうぎし》が楽しんだ「蘭亭曲水の宴」の光景を画いたものである。

そして、ある年の四月二十九日の春うららかな日に、鳥羽の地にある城南宮を訪ねて、この神社の「楽水苑」で実演される、「曲水の宴」を見学できた。

平安貴族の装束に身を包んだ七名の歌人が、ゆるやかに曲がりながら流れる一筋の遣《や》り水の傍らに座り、その日の題にちなんで、和歌を詠んで短冊にしたためた後には、目の前に流れ来る羽觴《うしょう》(杯を悠然と取り上げ、いかにも優雅な風情でお酒を飲み干す)という光景を目の当たりにして、私はかの王羲之たちの風流の世界に思いを馳せた。そして、この伝説の風流を、より鮮やかな彩りで蘇らせた、日本的王朝の雅に陶酔せざるを得なかった。

比叡山にも登った。

奈良の東大寺周辺　（写真撮影／著者）

わが中国から、天台宗の教理を持ち帰った最澄が開いたこの仏教の聖地が、千二百年の歳月が流れた今でも、この深い山の中で輝いていることに、感心せずにいられなかった。

宇治の平等院へも行った。

極楽浄土をこの世に再現した、といわれるあの華麗荘厳な鳳凰《ほうおう》堂を目の前にして、道綽《どうしゃく》や善導《ぜんどう》など、浄土教を確立した中国の先人たちの見た夢が今でも、この日本の宇治の地に生きていることに、深い感動を覚えた。

奈良にもよく遊んだ。

かの鑑真和尚《がんじんおしょう》が最後の安息を得た唐招提寺《とうしょうだいじ》、かの玄奘三蔵《げんじょうさんぞう》を始祖とする法相宗大本山の薬師寺、そして、世界最大の鋳造《ちゅうぞう》仏像となる盧遮那仏《るしゃなぶつ》を座らせることによって、「蓮華蔵《れんげぞう》」の壮麗な理想世界を実現させようとした東大寺、それらの寺々の優雅なる伽藍や壮大なる本堂を見上げるたびに、かつての中国仏教の一粒種が、この大和の地で大きく育ち、まさに、大輪の花を咲かせていることに、大きな感銘を受けた。

日本にこそ古き中国が息づく

考えてみれば、その長い歴史の中で、わが中国の古人たちは、多くの素晴らしいものを創った。天台宗や華厳宗や浄土教などの宏大なる仏教信仰の世界、世界的文化財であったはずの「南朝四百八十寺」の壮麗なる伽藍、王羲之の書や「唐詩宋詞」などが極めた芸術文学の頂点、中国の文化は一時、世界文化の最先端で輝いていたのだ。

しかし今、それらのほとんどのものは衰えて消えた。

王朝が交代するたびに戦火に焼かれて、人為的に破壊され、最後には毛沢東という狂気の権力者の手によって、完全に葬られた。

今では、古の文化的精神世界の名残や痕跡が多少残っていても、それはもはや、一つの生命体としての文化ではない。何軒かのお寺が残っていても、仏教への篤《あつ》い信仰は、もはや蘇ってこない。

「唐詩宋詞」が依然として詠まれていても、その描いた雅の世界は、もはやどこにも見つからない。文化の現代的複製品や模造品が溢れていても、そこには、もはや心というものがない。

本当の意味での中国文化は、この中国の大地においてはすでに死滅した。

幸い、それが日本に残っているのだ。

この日本の地において生き延びた。

奈良時代や平安時代の古に、それらのものが日本に伝来してから、長い歳月の中で日本の風土に根を下ろし、日本の伝統から豊富な養分を吸収して、洗練された日本人たちの手で育てられ、日本的精神から魂を入れられて新しい生命力を吹き込まれた。

そして今、それは日本の伝統文化と融合し、日本の美しい原風景の中に融け込んでいる。日本という、自然と文化が渾然一体とした総合的文明体の中で、そのしかるべき場所を得て、華やかに輝いているのである。

あたかも、古代ギリシャの文明が、西洋文明全体の中で新しい生命を得たのと同じように、この日本があるからこそ、中国の文化が救われて活かされているのだ。そして、現在にあっても、大輪の花を咲かせることができたのである。

そういう意味では、中国人の私にとって、日本の雅と風情に心酔することは、すなわち、わが古き良き中国への精神的回帰であり、日本の伝統と文化を愛することは、すなわち、わが心の祖国を愛することにほかならない。私にとっての「愛国」は、そのまま「愛日」なのだ。

誰に憚ることなく言えることだが、現在の私は「愛国主義者」ならぬ、正真正銘の「愛日主義者」となったのである。

禅の心と武士の精神が元兵を破った

日中間の交流史において、私のような「愛日主義者」となったかどうかは別として、中国から日本にやってきて、その精神的安息の地を得た先達《せんだつ》たちは少なくない。

その中でも、実は、私の郷里である四川省（昔は西蜀《せいしょく》と言ったが）から遥々やってきた人もいた。たとえば、鎌倉時代に日本に渡来して、禅宗を伝えた有名な中国人禅僧の蘭渓道《らんけいどう》隆《りゅう》と兀庵普寧《ごったんふねい》は、二人ともわが「西蜀」の出身である。

周知のように、仏教の一宗派である禅宗は、中国で生まれた中国的仏教の代表格であるが、それが鎌倉時代の半ばから、本格的に日本に伝わってきて、当時の新興勢力である武士階層を中心に、多くの帰依《きえ》者を得て大いに繁栄した。

その時、禅の導入にもっとも熱心だったのは、やはり鎌倉幕府の関東武士である。特に、時の執権職に当たる北条家の禅への傾倒は、並々ならぬものであった。

一二四六年に、中国人僧の蘭渓道隆が来朝すると、直ちに、幕府第五代執権の時頼に請われて鎌倉に住み、時頼をはじめ、多くの武士たちへの禅の指導に当たった。そして一二五三年、時頼は師の蘭渓道隆を開山にして、日本最初の本格的な禅宗寺院の建長寺を建立した。

その後、時頼はさらに、もう一人の中国人渡来僧である兀庵普寧からも参禅の指導を受けた。その死去のまさに一年前、この兀庵普寧の下で禅の悟りを開いたという。

言ってみれば、三十七歳の若さで人生を終えた時頼は、その短い人生の約半分の歳月において、国政の運営に全責任を負いながら、禅という信仰と悟りの世界に心を寄せて、多大な情熱を傾けた。そして、自分自身の悟りを開いたと同時に、日本における禅の確立と普及に大きく貢献したのである。

禅が、武士たちにそれほどの熱心さで受け入れられたのは、もちろん、それなりの理由があっただろう。他の仏教宗派にありがちな、複雑な論理的思考や煩瑣《はんさ》な儀礼的手続きをいっさい排除し、「直指人心《じきしにんしん》」の「頓悟《とんご》」によって単刀直入に信仰の世界に切り込もうとする禅の存在は、武士の行動原理にもっとも適していたと思う。

また、悟りを開くことによって、生死の瀬戸際にあっても泰然自若《たいぜんじじゃく》として万事に当たるという精神力の養成は、武士にはもっとも必要だったことなどが、その主な理由ではなかったかと考えられる。

つまり、鎌倉の日本武士たちは、中国の禅から自らの心を養うための、最適の信仰方式を得られたわけである。

時頼以後の日本武士の精神史においても、禅の心と武士の行動原理との結合の痕跡が随所に見られている。

時頼の子息である第六代執権の時宗も、禅への忠実な帰依者であった。時宗の治世になると、彼は自ら中国に使者を送って、有徳の禅僧を招いた。やって来たのは、かの有名な無学祖元《むがくそげん》である。

時宗は、円覚寺を建立して祖元を開山の祖に迎え、終身、自らの心をこの中国僧の指導に預けた。

この無学祖元は、かつて中国本土で侵攻してきたモンゴルの元兵に囲まれた時、「珍重す大元三尺の剣、電光影裡に春風を斬る」の詩を悠然と詠って、首をさしのべたというのは有名な話だ。

その元兵が、海を越えて、日本に大挙来襲したのである。

その時、執権の時宗は、師である祖元の気概に少しも負けずに、まさに祖元の禅によって鍛えられた堅忍不抜《けんにんふばつ》の心構えを持って、未曾有の国難に対した。そして、泰然自若の采配によって、難敵の元兵たちを海の中へと葬った。

考えてみれば、禅の心と武士の精神を結合して創ったこの日本武士の奮闘によって、日本という国が救われたのと同時に、東洋の文化そのものは元兵の破壊から守られたわけである。

鎌倉時代の末期、建武中興の中で大活躍した、武士の中の武士であり、忠臣の中の忠臣である楠木正成も、中国人渡来僧の明極楚俊《みんきそしゅん》禅師に深く帰依する禅の門徒であった。

兵庫の湊川で最後の戦いに臨むその前日、正成は同じ兵庫にあった禅師の寺に赴き、「生《せい》死交謝《しこうしゃ》の時如何」と訊《たず》ねたところ、禅師は「両頭ともに裁断し一剣天によって寒《すさま》じ」と答えたという。

この一言を頂戴した正成は、生死、成敗を度外視して従容として戦いに投身し、その壮烈な最期を潔く遂げたのである。

正成の敵方となった、足利尊氏・直義兄弟も参禅熱心の武士で、造園などで有名な禅僧である夢窓疎石《むそうそせき》に帰依している。この夢窓疎石こそは無学祖元の孫弟子として、鎌倉の武士禅の本流を汲んだ人物である。

その後、足利尊氏が開いた室町幕府の歴代将軍たちは、夢窓法系の臨済禅に帰依していたから、室町時代においては、禅は京都を中心にして大いに繁栄し、その全盛期を現出したのである。そして、その時代以来、武士と禅とのつながり、武士精神と禅の心との融合は、もはや武士文化の中核的な一部となった観がある。

時頼のお墓の前で

かくして、日本の武士たちが、数百年にわたって禅の力を借りて自らの心を創ってきた中で、元来の中国禅とは、まったく違った形の日本的武士禅が出来上がった。

そしてそれが、一種の果敢にして高尚なる行動原理として、淡泊にして清らかな心の持ち方として、日本の武士精神、ひいては日本の民族精神の一部となったのである。

それと同時に、一種の抽象的な形而上学としての中国禅は、彼ら日本武士との出会いによって、もっとも純粋にして、もっとも理想的な人格との結合を果たしたとも言えよう。それにより、禅はそのもっとも本質的な輝きを放つことができたのである。

こうした日本武士と中国禅との絶妙な結合の出発点が、すなわち鎌倉の地における時頼と、わが同郷の蘭渓道隆たちとの運命的な出会いであったということを思い、一度、鎌倉の地を訪ねてみたいと考えていた。

そして二〇〇五年に、関西地方から関東に移住してまもなく、私の念願は叶えられた。

バスの窓から、古き時代の面影が色濃く残されている鎌倉の町と、町の周辺を囲む緩やかな丘を眺めながら、「今から八百年も前、自分の郷里である西蜀から、二人の先人たちは海を越え、この鎌倉の地にやって来た。おそらく彼らも、私が歩いているこの若宮大路を歩き、私が眺めているこの丘陵の連なりを眺めていたに違いない」と思った。

バスから降りると、目の前に建長寺があった。かの蘭渓道隆が開山となった、日本最古の本格禅寺である。気品の高い山門を仰いで境内に入ると、いきなり外の俗世の煩悩《ぼんのう》から完全に隔離された、清らかな別天地に身を置いた感じである。

その中をゆっくりと歩きながら、自分の心を静かにして、古の時代から脈々と伝承されてきた悟りの境地に触れようとしていた。そして、この悟りの伝承はまさに、自分が佇むこの建長寺の壮厳な境内から時間と空間を超えて、わが祖国の古き良き時代に繋がっていることに深い感慨を禁じ得なかったのである。

建長寺を出てから、私はさっそく案内地図に従って、明月院という小規模な禅寺へ向かった。そこには、あの時頼のお墓がある。

明月院の一角に、その墓を見つけた。ひっそりとした小さな石塚で、執権の地位にあった人間の墓所であるとはとても思えないほど質素なものである。

時頼の墓の前に佇んで、私は色々と思いを巡らせていた。私と時頼の間には、何か不思議な縁があるのではないか。

今から八百年前に、私の故郷の西蜀から二人の禅僧がやって来て、時頼に禅の心を伝えた。禅の心というのは、紛れもなく私の故郷も含めた、かつての中国大地で育まれた一粒の種で、代々相承してきた一種の精神的ＤＮＡともいうべきものであった。

同郷の先人である二人の禅僧は、自らの肉体と心を媒体にして、この精神的DNAを日本に持ち込み、長い歳月をかけて時頼という日本武士の心に植え付けた。そして、時頼の内面において開花した。

この時頼の尽力によって、禅はさらに多くの武士たちに広がり、やがて日本的武士精神の源流の一つとなっていった。

そしてその八百年後に、二人の先人の禅僧と同じDNAをもっているはずの私が、この時頼の墓の前に立っている。八百年間の時を超えて、中国人の子孫の一人が、西蜀人の子孫の一人で、再び時頼という日本武士と対面しているのだ。

青い苔に覆われた彼の墓に見入りながら、私はやはり、わが同郷の二人の先人の存在を介して、私とこの日本武士との間に、何らかの精神的繫がりがあるのではないかと思わずにはいられなかっ

明月院の時頼の墓前にて　（写真撮影／著者）

た。

想像の中で、蘭渓道隆らと談笑するこの日本男児の颯爽とした姿に、特別の親しみを感じずにはいられなかった。そして、彼がこの二人の西蜀人禅僧から受け継いだはずの精神的DNA、彼自身の心の一部となったこの精神的DNAに対して、一種の親近感や同一感を覚えずにはいられなかった。

その時私は、時頼がその臨終の際に残した、次の遺偈《ゆいげ》を思い出したのである。

業鏡《ごっきょう》高く懸《か》く　三十七年　一槌打砕《たさい》　大道坦然《たんねん》

「遺偈」というのは本来、禅僧が臨終の時に書き残す遺言のようなものだが、この遺偈は、実は時頼の自作ではなく、中国宋代の笑翁禅師の遺偈から借用したものであった。もちろん、それは日本武士の頭領として、時頼が自らの臨終に際して詠ったものだからこそ、後世に感動を残す名句となったわけである。

私自身も、この遺偈に接して、大きな感動を覚えた一人である。

長きにわたって、一国の政治をつかさどり、最高権力者の立場にあったこの武士は、苦難に満ちたはずの自らの三十七年の短い人生の灯火がまもなく消え去る時、その胸中には一縷《いちる》の暗さもなく、悲しさや悔しさや空しさのかけらもなかった。そして、この「業鏡高懸」の人生を、思い切って「一槌打砕」して、あの大壌無窮の「大道」へと、洒々落々《しゃしゃらくらく》に直進していったのである。

何という気宇宏大な胸襟《きょうきん》だろうか。

何という清明闊達の心境だろうか。

時頼におけるこのような生き方と死に方に、そして、彼が禅の悟りを開いたことによって到達したところの精神的境地に、私は日本武士の原点、武士道精神の原点を見つけたような気がした。

美しく優雅な「死の儀礼」

日本武士の生き方と死に方についてさらに言うと、私がもっとも感心してやまないのは、その「潔さ」と「美しさ」である。

まず死に方についていえば、武士道のバイブルである『葉隠《はがくれ》』が記した、「武士道とは死ぬことと見つけたり」という有名な言葉からも分かるように、日本的武士道の極めつけはすなわち、その死に方にある。

ここで言う、「死ぬこと」の極意は、決して一般人の「死に方」ではなく、当然、武士として「いかに美しく潔く死ぬか」である。

つまり、たとえ何らかの大義名分や、やむを得ない理由のために死ぬのであっても、その死に方は美しくなければならないのである。

時代劇や歴史書などによく見られる、中世以来定着していた日本の武士の切腹による自決は、まさに美しい死に方の典型ではなかろうかと思う。

格調の高い辞世の歌を残した後、白い衣装に身を包んで、自ら進んで切腹の座につき、神仏や検視役や介錯人などに対して丁重な辞儀を行ってから、顔色一つ変えずに、厳格な作法に従って自らの腹を一心不乱に切る。無数の武士たちが繰り返してきたこの「死の儀礼」は、私の目にはいかにも美しく、時には優雅にさえ見えるのである。

こうした美しさと優雅さの根底にあったのは、やはり死というものに対する明朗闊達な潔い態度である。自分の名誉を守るために、あるいは何らかの不手際や不始末に対して責任を取り、自らの生命を断つという行為は、まさしく「潔さ」の美学的実践であり、武士にとっての「禊《みそ》ぎ」でもあるのだ。

言ってみれば、武士がこのような死に方を貫くのは、ほかならぬ神道的「清浄観」に基づく死の美学ではなかろうか。

そういえば、生涯において「美とは何か」を探究してきた三島由紀夫も、最後は壮絶な割腹自決をもって、自らの美学を完成させたのではないか。

そして、その最後の美的瞬間をもって、彼はもはや一文士にとどまることなく、まさに本物の日本武士になったわけである。

武士の死に方は、美しいものである。

死に方が美しければ、その生き方も同様であろう。

無私にして高潔の士、西郷南洲

私が、その生き様においてもっとも美的な魅力を感じたのは、武士の中の武士である西郷南洲（隆盛）である。

周知の通り、幕末維新の歴史において、西郷南洲こそは、維新という回天の大業を成し遂げた最大のカリスマであり、最大の功労者であった。しかし彼には、それを利用して自らの政治的野心や私利私欲を満たそうとする考えは、つゆほどもなかったように思われる。明治新政府が成立した時、彼はその最大の功労者として、高位高禄を約束されていたにもかかわらず、あっさりとそれを辞して故郷に帰り、犬と猟師と山川を相手に、野人同然の生活を楽しんだ。

「征韓論」をめぐる政争に敗れた時、彼は兵力を一手に握る実力者の立場にありながら、クーデターを起こして自らの主張を押し付けたり、自らの地位を守ったりするようなことは一切しなかった。

彼は、ただ潔く官職を辞して、故郷の鹿児島に戻った。そして、純粋な青年たちと起居をともにして、芋飯を常食とし、昼間は自分で肥料桶を担いで農耕に励み、夜間は学問をして過ごした。新政府に請われて官職についた時にも、絣《かすり》の着物に兵児帯《へこおび》という文字どおりの弊衣を身にまとい、茅屋《ぼうおく》に住むという質素極まりない生活を送った。

中国の歴史上では、政略家としての西郷南洲以上に、権略詐謀を駆使して一世を圧倒するような英雄豪傑を、いくらでも輩出した。

しかし、それらの英雄豪傑からは、日本の西郷南洲のような無私にして高潔の士は、ついに一人も出なかった。

英雄豪傑であればあるほど、個人的な権勢や一族の栄達を求めて独裁者への道を歩んでいくのが中国歴史上の常であった。為政者は私利私欲の誘惑から逃れられない、というのが中国社会の法則となり、中国の歴史の不幸の源でもあった。

しかし、日本の西郷南洲は、それを見事に超越した。

日本史上最大の政略家でありながら、この世の権勢や栄達富貴をいくらでも手に入れられる立場でありながら、彼はどこまでもその高潔無比、精誠純一の生き方を貫き、どこまでも「一点の私心もない光風霽月《こうふうせいげつ》の人」（伊藤博文）であり続けた。

後に、犬養毅が評したように、西郷南洲こそはその一生において「まったく彼我の見、利害の念を離脱した心境に到達した」人物であった。彼は武士道の伝統を持つ日本の男児であるが故に、彼は武士道教育の見本となる薩摩の郷中教育によって鍛えられてきた生粋《きっすい》の日本武士であるが故に、このような境地に達することができたのであろう。

よりいっそうの「愛日主義者」に

西郷南洲の人格形成のプロセスを見てみると、彼はまた当時の武士たちと同じように、いわゆる儒教教育の中で育った人間であった。郷中教育及び藩校の造士館での教育を通じて、彼は儒教の経典である四書五経を熟読し、人並み以上の儒教的教養を身につけた。その後、薩摩藩により沖永良部島《おきのえらぶ》に流された時、彼はまた、書家で陽明学に通じていた川口雪篷《せっぽう》の指導を受けて、陽明学及び儒学への理解を深めた。

彼は参禅もした。故郷にいた十九歳から二十五歳までの間に、西郷は地元の傑僧といわれた無参禅師に参じて、曹洞宗を学び、厳しい禅の修行を重ねた。

彼はまた、漢詩の作り手でもあった。その四百八十余篇の自作漢詩の中で、彼は中国古代の荘子や屈原《くつげん》や陶淵明などの高潔の士に対する傾倒を吐露している。

「雪に耐えて梅花麗しく、霜を経て楓葉丹《ふうようあか》し」という彼のこの一句には、中国人の私は深い感動を覚える。

言ってみれば、儒学を学び、禅に参じて漢詩を詠むこの典型的な日本武士は、いわゆる東洋的教養人の典型でもあった。武士の魂と儒教の理念と、禅の境地が結合して、渾然一体となって、西郷南洲という高潔無比、純一至大の人格を作り上げた。

そういう意味では、彼こそは、この東洋の世界が古来から求めつづけてきた、もっとも理想的な人格の持ち主であった。

西郷南洲という、この円熟にして完璧な人格が、彼が貫いたその高潔無比の生き方において、儒教はその「修身斉家治国平天下《しゅうしんせいかちこくへいてんか》」（自分の身を修め、家庭をととのえ、国を治めて天下を平和に導く）の理想の実現を見いだした。そして、禅はその「立身成仏」（心を高めることによって、人間であるままに成仏する）の典型例を見た。

いわゆる東洋的理想が、そのもっとも相応しい具現者を得たのである。

そして、その人生の最期の時、政府軍の弾雨の中「もう、ここらでよか」の淡々たる一言を発して、従容として最期を迎えた。もっとも武士らしき死に方をもって、その日本武士の魂の真骨頂を見せた。彼は、武士としての人生を見事に完結させたのである。

このように、日本という枠を超えて、東洋の理想的な人間像をこの世に具現させた西郷南洲こそ、われら東洋世界の代表的な人格であると言えよう。

そして私は、西郷南洲を知ることによって、この日本という文化的生命体に、この日本という心の美しい国に、いっそうの敬慕と、いっそうの熱愛を感ぜずにはいられないのである。

一言でいえば、西郷南洲との出会いによって、私はよりいっそう徹底的な「愛日主義者」となった、ということである。

京都御所が他国の宮殿より勝る点

かつて、よく京都を散策したので、京都御所へも何度も行った。春季の一般公開の時にも一度行って、「禁裏《きんり》」の中心部に入って拝観したことがある。

御所の中を歩いていると、政治とか権力とかの気配を、いっさい感じられないのがたいへん印象的であった。「禁裏」というイメージよりも、伊勢神宮や大徳寺などの禅寺の境内を彷彿《ほうふつ》とさせるような、清らかにして落ち着いた雰囲気がある。

ヨーロッパやロシア、あるいは中国などの大陸国家から来た見物客であれば、おそらく誰もが「エンペラーの宮殿」であるこの御所の質素さと無防備さに、驚かずにいられないであろう。

ルイ十四世の絶対王権の象徴である壮麗なヴェルサイユ宮殿や、ロシア皇帝の居城である尊大なクレムリン宮殿などと比べれば、京都御所は「質素である」というよりも、もはや「見すぼらしい」というような言葉で表現すべきものだ。同じアジアで言えば、広い溝と威圧的な城壁で囲まれている北京の紫禁城の雄姿を前にしては、この御所というのはせいぜい、どこかのご隠居様が余生を楽しむために造った、茶室付き別邸程度のものであろう。

しかし、京都御所はそれらの金城鉄壁の居城や、壮大華麗な宮殿よりもはるかに勝っている点が一つある。

それはすなわち、御所のかつての主である天皇家は、今でもこの日本国の万世一系の皇室として、最高の地位にとどまっているということである。

ヴェルサイユ宮殿に君臨して「朕《ちん》は国家なり」と豪語した、フランスのルイ十四世の死去から七十数年後の一七九二年に、ブルボン朝の王政が革命の嵐の中で崩壊し、その翌年には、不運のルイ十六世が王様の身でありながらギロチンで命を落とした。ロシアでは、クレムリン宮の主人であるロマノフ朝も、一九一七年の革命において滅亡し、ニコライ二世一家の惨殺によってその血統まで絶たれたのである。

そして、わが中国の歴史において、北京の紫禁城を皇宮に使ったのは明と清という二つの王朝であったが、言うまでもなく、今はそのいずれも存続していない。

明王朝の最後の皇帝は、反乱軍が攻めてくる中、紫禁城の近くで首つり自殺し、この王朝は滅んだ。清王朝の「ラストエンペラー」である溥儀《ふぎ》という人物は、王朝の崩壊後に波瀾万丈の人生を辿ったあげく、やがて、中国共産党の牢獄に囚われの身となったのである。

考えてみれば、わが中国を筆頭とする多くの国々においては、王朝・皇室というのはいつか滅亡しなければならないものであり、皇帝や王様の子孫といえば、いつか殺されてしまう運命にあった。

しかし、日本の天皇家は違う。

「神代」からの歴史を通して、天皇家はまさに万世一系の皇室として存続してきた。時代がどう移り変わっても、権力構造がどう変貌しても、天皇は依然として天皇である。政権交代によって皇室が代えられることもなければ、革命によって滅亡させられることもなかった。

天皇家は、京都の一角にある、あの「見すぼらしい」御所に悠然と鎮座して、多くの激動の時代を乗り越え、東京遷都を通して現在に至るまで、その最高の地位と最高の品位を保ち続けてきたわけである。

イギリスの王室やタイの王室など、日本の天皇家と類似するような存在は他にもあるが、しかしそのいずれも、歴史の悠久さにかけては日本の皇室の比ではない。

言ってみれば、世界中でもっとも「貧相」な「宮殿」に住んでいた日本の天皇家こそ、この世界史上における生命力のもっとも強い王家なのである。

中国の歴史上では、皇室・王朝の交代は数十回も繰り返されてきた。一つの王朝の寿命は、最長でも三百年程度であったのに対して、日本の皇室はどうして文字通りの万世一系となり得たのだろうか。その違いは一体どこにあるのか。

なぜ天皇家は「万世一系」となり得たか

私が日本に来たのは一九八八年だったが、その翌年の一月に昭和天皇が崩御《ほうぎょ》され、世が昭和から平成へと変わった。昭和天皇の「大喪《たいそう》の礼」、今上天皇の「即位の礼」などの一連の国家的儀式が、完璧な古式に則って厳かに行われるのを目撃した時、懐古志向の私は、深い感動に包まれたことを今でも記憶している。

それ以来、日本の皇室という存在にたいへんな敬意を覚えると同時に、その万世一系の謎に対する、知的好奇心もますます深まった。

その後、日本史を色々と勉強することによって、この謎はある程度、解けたような気がする。

簡単に言えば、その歴史の大半において、皇室は政治権力に執着がなかった。時の権力に対して、常に超然たる立場に身を置いてきたことが、天皇家が万世一系の天皇家となり得た最大の理由ではないのか。

もともと、民族の神話、生い立ち及び民族の伝統文化と深く結びついていたから、皇室は日本民族の存立条件そのものに自らの立脚点を持ち、政治権力に頼らない伝統的権威を自ずと擁している。

だからこそ、権力に対する超然的な立場に身を置くことができた。このような立場にいると、いくつかの例外を除けば、天皇家の地位は政治権力の交代とはもはや何の関係もない「雲の上」にある。

平安時代に、政治の実権が「摂関《せっかん》」に握られていた時からずっとそうであった。権力の所在が朝廷の貴族から地方の武士へと移されようと、政権が鎌倉の幕府から室町、江戸の幕府へと交代していこうと、こうした世の中の盛衰興亡を横目にして、皇室は自らの伝統を守り続けることによって存立し続けてきたわけである。

言ってみれば、権力を持たないこと、権力に自らの存立根拠を置かないことが逆に、天皇家の最大の強みとなり、その永続性の根拠となった、ということであろう。

そういう意味では、京都御所の質素さと無防備さこそは、日本の皇室の強さの象徴でもある。つまり、権力というものに自らの存立根拠を置いていないからこそ、ヴェルサイユ宮殿やクレムリン宮殿のような尊大な建造物をもって人々を威圧し、自らの権力を誇示する必要もない。

時の権力から超越した立場にあり、権力というものに対してまったく無欲であるからこそ、いかなる権力からも攻撃されることなく、無防備のままでいられるのである。

戦前では、天皇誕生日は「天長節」と呼ばれていたが、この「天長」という言葉の出典は、実は中国古典の一つである「老子」にある。

「老子道徳教」とも称されるこの書物は、二千数百年前に老子という伝説の謎の人物が著したといわれる珠玉《しゅぎょく》の格言集で、いわば「中国的智慧《ちえ》」の集大成のようなものである。

「天長節」の出典となるのは、「天長地久」（天は長く地は久し）の文言で始まる「老子」の中の「韜光《とうこう》第七」という節であるが、明治書院刊行の『新釈漢文大系7　老子・荘子』の訳文に従えば、それは次のような内容である。

「天地は長久である。天地が長久であり得る訳は、自ら生きようという意識がないからである。故に、よく長久でありうるのである。だから、天地のこの無私の態度にならう聖人は、自分の身を後にして、他の人々を先に立てようとするが、かえって人々から慕われて、その身が先に立てられるようになり、自分の身を考慮の外に置いて、人々のために尽くすが、かえって人々から大切にされて、その身が存続される。それは聖人の無私の態度からそうなるのではないか。無私だからこそ、その大我が完成されるのである」

「老子」の言葉をここで長々と引用したのには、もちろん訳がある。

じつは最近、「老子」のこの一節を再読した私は、ここで語られている「天長地久」の摂理と、この天地の摂理に適った「無私」の聖人の道は、それはそのまま、万世一系の日本の皇室のあり方そのものではないか、と気がついたのである。

なるほど、その長い歴史の中で、民と時の権力に対して日本の皇室は常に、「自らの身を後にして他の人を先に立て、自分の身を考慮外に置いて人々のために尽くす」という「無私」の態度を貫いてきた。

日本という国とその民を「わがもの」にしようとするような私欲もなければ、権力に飛びついて一族の「栄達」を図る必要もない。

権力はすべて、摂関や将軍などの「臣下」たちに譲り、日本の天皇は自ら京都の一角の「貧相」な住まいで、質素な生活に甘んじながら、日本国の安泰と民の幸福を一心に祈るという祭祀《さいし》的な役割に徹したのである。

しかし、そのことによって、皇室は日本という国にとって欠かせない重宝となり、民たちからはいつも慕われる身となったわけである。それ故に、いかなる権力からも侵されない超越的な存在となった。

皇室は、権力の交代とは関係なく、その「大我」としての永続性が保たれてきたのである。まさに老子の教えた通り、無私だからこそ長久なのである。それこそ「老子」という中国古典の示した最大の智慧である。

いつものことであるが、「中国の智慧」というものは、中国では概して忘れられていてこの日本に生きているのである。

皇室を持つ日本人の僥倖

もちろん、皇室の永続性は皇室だけのためにあるのではない。

まさに、万世一系の皇室があるからこそ、日本はわが中国がかつて経験したような「易《えき》姓《せい》革命」という名の王朝交代を必要としないのである。それゆえ日本民族は、わが中国の祖先たちが王朝交代のたびに体験しなければならなかった、長期間の戦争と動乱と殺戮の悲運を免れているのである。

そして、日本民族が存亡の危機に瀕《ひん》した時、かけがえのない救世主としての役割を果たしてきた。日本が西欧列強の植民地になるかもしれない危機を救った明治維新は、まさに天皇の錦旗を掲げた「王政復古」であった。大東亜戦争の終戦の時、昭和天皇による詔書一つで出口のない戦争状態が収拾され、「万世の太平」が開かれたのである。

超越的な存在としての無私無欲の皇室を持つことは、まさに日本民族の幸運であり、日本歴史の僥倖《ぎょうこう》なのであろう。

中国人の私は羨ましい思いで日本の歴史を眺めつつ、一人の「愛日主義者」として日本の皇室の天長地久と、日本民族の永遠の繁栄を願いたい気持ちである。

そして、今から思えば、皇室の存在を含めた素晴らしい伝統を持つこの美しい日本に来たことは、まさに私の人生にとって、最大の幸運と僥倖であった。この日本こそ、多くの心の受難を体験してきた私の魂がたどり着いた安心立命の地である。

もし、古人に倣って「遺偈」でも書くとすれば、詩才のない私は現代の普通の日本語で、次の一言だけを言い残したい。

「この日本に来て良かった！」

第6章

平成の次の時代の国難は「中国の脅威」だ

人民解放軍は「習近平の私兵部隊」になった

「この日本に来て良かった！」と思い続けている私にとって、二〇一八年一月十日から十一日、中国の潜水艦と軍艦が尖閣周辺の日本の接続水域に侵入してきたことは、大変衝撃的な重大事件だった。

尖閣諸島は日本固有の領土である。民主党の野田佳彦政権時の二〇一二年、尖閣諸島を国有化したが、それ以後、尖閣諸島周辺で、日本と中国は対峙し続けてきている。中国は海警局を、日本は海上保安庁を出動させてきた。いわば沿岸警備隊同士の対立だった。

ところが、今回の一件で非常に深刻だと思うのは、中国は軍事力を前面に押し出してきたことだ。れっきとした海軍軍艦による侵入なのだ。さらにショックを受けたのは、中国の国防省の会見での回答で「自衛隊の艦船が尖閣諸島に侵入したので、監視するために入ったのだ」と主張したことだ。

堂々と尖閣諸島の接続水域に侵入したことを認めたわけである。しかも、日本の自衛隊に対する追跡であったと明言している。本来であれば、尖閣諸島の周辺水域は日本の領海だから、自衛隊が入ろうが、入るまいが、中国はまったく関係がない。

しかし中国は、自衛隊艦船に対する「監視」を明言したことによって実質上、尖閣をめぐる日中の争いを軍事レベルにまで昇格させたのだ。今後、中国は軍事力を背景に日本と尖閣問題を争ってくることになるだろう。

もう一つ重要な事件が二〇一七年八月に起こっている。中国の戦略爆撃機六機が紀伊半島沖を飛んだ。紀伊半島周辺には米軍基地があるわけでもなければ、自衛隊の大規模な基地があるわけでもない。そのかわりに、多くの一般市民がすむ京阪神がある。中国爆撃機の行動は、一般市民に対するあからさまな軍事的恫喝《どうかつ》といえる。中国の強硬姿勢の背景に何があるのか。

習近平政権は二〇一七年の党大会で独裁体制を固めて、人民解放軍はほとんど「習近平の私兵部隊」になった。さらに、習近平は共産党内部で、独断ですべてを決定できる権限を手に入れている。習近平の一存で、中国は戦争することもできるほど、非常に危険な体制になった。独裁体制が完成した――つまり、金正恩《キムジョンウン》化してしまった。

胡錦濤のときは、共産党の独裁体制であり、胡錦濤一人の独裁体制ではなかった。いわゆる集団的指導体制だった。

ところが、習近平は習近平一人の独裁体制を築いてしまった。習近平が掲げているのは「民族の偉大なる復興」。近代で失われた中国をすべて取り戻す、もう一度、中華秩序を取り戻すと。

当然、習近平の視野の中に入るのは、日清戦争時に失ったものも取り戻すべきだと。沖縄・尖閣・朝鮮半島・台湾……すべてが日本から奪われたと思っている。清王朝が支配していた地域以外に、南シナ海・東シナ海をすべて支配する。その上で、アジア全体を支配する。そういう野望を持っているわけだ。

その考えでいけば、尖閣諸島の軍事占領は必然の成り行きであり、いずれ沖縄にもその矛先を向けてくるだろう。

中国への贖罪意識はもう捨てるべき

日本の歴史において今まで、「国難」と呼べるような事態を三回経験している。

その一つが、白村江《はくそんこう》の戦い（六六三年。朝鮮半島の白村江で行われた、倭国・百済遺民の連合軍と、唐・新羅連合軍との戦争）。朝鮮半島で敗北した日本は、「唐帝国が日本に攻めてくるのではないか」と思った。そのとき、大和朝廷は都を琵琶湖周辺（近江京）に移している。

さらに、対馬《つしま》や北九州を中心に水城《みずき》（福岡県の太宰府市・大野城市・春日市にまたがり築かれた、日本の古代の城）を築き上げ、瀬戸内海沿いの西日本各地に朝鮮式古代山城の防衛砦を築き、北部九州沿岸には防人《さきもり》を配備して国防体制を整えた。さらに中国の律令制を導入、中央集権的な国家体制を固めた。

二つ目の国難が、黒船来航（一八五三年）。海外の脅威を肌で感じた日本は西洋列強に対処するために、武士たちが立ち上がって明治維新を成し遂げた。明治国家という中央集権体制で西洋列強に対抗しようとしたわけだ。

そして、三つ目が一九四五年の敗戦。アメリカに打ち破られて、日本は史上初、外国軍に占領された。それで戦後を迎えた。

では、現在、日本が迎える危機は何か。

先の中国軍機や戦艦、潜水艦による日本領海・領土の侵略こそが、第四の国難なのだ。中国は、中華帝国実現のために、本格的な侵略を始めようとしている。ある意味では、黒船来航以上の国難と言える。

アメリカの黒船は、別に日本の侵略や占領を目指して来たわけではなかった。日本を開国させ、アメリカにとって有利な条約を強いることだった。しかし、中国が目指しているのは、日本の領土、尖閣諸島や沖縄の占領、場合によっては日本民族を破滅させることである。

その中で中国からの脅威をどのように対処すべきか。日本にとって大きな課題の一つだと言える。

ここで、日本は中国との関係を今一度見直すべきときにきていることを認識すべきだろう。これは外交的・経済的な意味ではなく、精神的・思想的な意味において、中国との関係にケリをつけなければいけないということである。

長い歴史の中で、日本人は中国に対して二つのネガティブな意識があると思う。日本は中国から文化・文明の影響を受けて、恩恵に浴してきた。そして、日本の文化・精神性も中国から多大な影響を受けた。左翼のみならず多くの一般的な日本人は、このような思想を持ち合わせている。特に知識層に多い。そういう考え方を持ち続けているから、中国に対して永遠に頭が上がらない。この考えから脱しなければいけない。

さらに、日本は戦争を通じて中国に対して悪いことを行ったのだから、贖罪《しょくざい》意識を持ち続けている。だが、もう清算していい時期にきているのではないか。

この二点が大きなポイントになる。

今後の日本人は、中華帝国に対して本格的に対峙し、日本を守り続けるためには、先の二つの意識を徹底的に清算しなければならないのである。

まずは「日本は文明文化の面で中国からの多大な恩恵を受けた」との意識に関して言えば、確かに、日本は飛鳥時代あたりから、いろいろな形で大陸から文化・文明を受け入れてきた。その中には仏教や儒教もあった。漢字や律令制度も採用した。江戸時代になると、儒教的精神をかなり取り入れたのは事実だ。

しかしだからといって、日本の文明文化、そして日本人の精神はずっと中国の影響下にあったのか。あるいは、日本は中国の文化・文明の亜流になっているのか――決して、そうとは言えない。

むしろ、今まで日本人は大陸から文化・文明を受け入れながら、自分たちの判断で取捨選択し、悪いと思うものは拒否、意味があると思うものを取り入れてきた。たとえば、拒否したのは宦官《かんがん》と科挙制度だ。

もう一つ大きなことは、皇帝独裁体制を取り入れなかったこと。中国の皇帝は権力者であって、万民を支配する。日本は、そういう皇帝の大きな権力を拒否し、「天皇」という独特の存在をつくり上げてきた。

天皇は決して権力者ではない。万世一系であり、国民のために祈る祭司としての役割を持っているため、国民から心から敬愛される。また、天皇の根拠は、中国的な易姓《えきせい》革命（天子《てんし》は天命によってその地位を与えられて天下を治めるが、もし天命にそむくならば、天はその地位を奪い、他姓の有徳者を天子とするという思想）にまったく依拠していない。『古事記』以来の神話に依拠している。

そうなると、天皇のあり方を見ても、易姓革命はまず起こらない。たとえば、徳川家康がいくら強力な権力を持ったとしても、天皇にとって代われない。家康は天照大神《あまてらすおおみかみ》の子孫ではないからだ。

このように日本は中国の易姓革命の悪しき伝統から逃れ、日本独特の政治体制をつくりあげることができた。

思想面でも、日本が確かに中国思想を受け入れて影響を受けてきたが、日本には独自の思想がないのかというと、必ずしもそうではない。

逆の視点を持てば、日本は常に中国の影響下から脱出し、独自の思想史・精神史を形成していく過程が垣間見える。このような逆の視点から、日本の思想史・精神史をまとめたのが拙著『なぜ日本だけが中国の呪縛から逃れられたのか「脱中華」の日本思想史』（PHP新書）だが、本当は副題の『「脱中華」の日本思想史』をメインタイトルにしたかったくらいだ。

神仏習合に成功した日本

ともあれ、日本人は中国文明や思想の影響を受けながらも、最初からそれと対峙して日本独自のものをつくり出そうとしてきた。先の書物では〈（日本は）特定の文明や思想の束縛から自由な「さっぱりとした心構え」がある〉と表記しました。

一つの例をあげると、儒教と仏教だ。この二つの思想は、ほぼ同時期に朝鮮半島を経由して日本に伝わってきた。しかし、飛鳥～室町時代にかけて、仏教と儒教に対する日本人の姿勢が丸っきり異なっている。

特に飛鳥・奈良時代は、大和朝廷が全力をあげて仏教国家をつくり上げた。東大寺・大仏を建立し、全国に国分寺を配した。鎮護国家（仏教により国を守り安泰にする）として仏教を受け入れ、国家的宗教として広まっていった。

ところが、儒教に対しては、非常に冷淡だった。

日本の学者が今まで誰も問題提起していない一つの現象として、室町時代以前の日本の思想家で、儒学者は一人も存在していないことだ。いまも知られている空海《くうかい》や最澄《さいちょう》、親鸞《しんらん》などは、みな仏教関係だ。ところが、どうだろうか、儒学者の名前をあげることはまずできないのではないか。

なぜ、日本人は仏教を優先して導入したのか。仏教は中国の宗教ではなく、世界宗教であった。しかも、仏教の世界では、中国は決して頂点でもナンバーワンでも何でもなかった。仏教の世界であれば、日本と中国は対等の立場になる。

しかし、儒教になると、中国が頂点に立ってしまう。儒教を全面的に受け入れてしまうと、日本は精神的に中国の属国になるしかなかった。もし、日本が儒教を優先的に取り入れていたら、二番目の朝鮮になっていた可能性が高い。江戸時代まで、儒学は禅寺のお坊さんが遊びとして勉強している程度で、一般の人たちは誰も勉強していない。仏教に対する崇拝のほうが強かった。

飛鳥時代に、仏教か儒教か、どちらを取るかで、日本は進路を決めることができたわけだ。

また面白いことに、日本が仏教を取り入れてから、どんどん日本化していったことだ。その始まりは平安仏教（空海・最澄）からと言える。さらに時代を経て、鎌倉仏教で多くの庶民が受け入れるようになった。

「誰もが成仏《じょうぶつ》できる」という素朴な考え方が、日本仏教の底流にある。

真言宗・浄土宗・日蓮宗……誰でも念仏・お題目を唱えれば成仏できる。本来の仏教の考え方であれば、とんでもない考え方だ。原始的な仏教の考え方からすれば、成仏できるのは菩薩《ぼさつ》くらいのはず。でも、日本は大乗仏教的な考え方が広く行き渡り、受け入れられていった。

この考え方は神道と同じだ。命のあるものすべてに霊性が宿っていると考えている。この神道の考え方が、仏教にも影響を与えたといえる。

仏教が伝わったとき、神道は苦しい立場に追い込まれた。対抗できない中、本地垂迹《ほんじすいじやく》説（日本の八百万《やおよろず》の神々は、実は様々な仏が化身として日本の地に現れた権現であるとする考え）が生まれた。

仏教に身を寄せたわけだが、吉田神道（室町時代、京都吉田神社の神職吉田兼倶《よしだかねとも》によって大成された神道の一流派）になると、本地垂迹説は逆転してしまった。

つまり、本地が日本の神様で、仏が神様の形を借りて日本に来たと考えられたのだ。ただし、江戸時代に入ると、家康は一向一揆に悩まされた経験から、仏教に対する警戒心が非常に強かった。そこで家康は檀家《だんか》制度を取り入れ、仏教を幕府の管理下に置いた。一方で、林羅山《はやしらざん》の進言もあり朱子学を官学として積極的に導入していった。

日本は中国の思想的・精神的奴隷、子分ではない

そういうこともあって、江戸時代になってはじめて、朱子学を中心とした儒教が日本で広まっていった。だからといって、日本は朝鮮のような儒教国家になってしまったのか、というと、まったくそうではなかった。

江戸時代の儒学者は、どのようにすれば朱子学から脱することができるかを考えた。荻《お》生《ぎゅう》徂徠《そらい》や伊藤仁斎《いとうじんさい》などはその典型だ。最初は朱子学の信奉者だったが、最後は捨ててしまった。

伊藤仁斎は孔子の『論語』に戻り徹底的に研究した。荻生徂徠は孔子すら捨てて、孔子以前の堯《ぎょう》・舜《しゅん》時代（中国の理想国家を築いたと伝えられる伝説的な王）まで遡《さかのぼ》っていく。

さらに国学が登場してきたら、朱子学どころではなくなる。本居宣長などは「漢意《からごころ》」（＝中国の思想）はすべて捨てようと提唱する。『古事記』など、古来の天皇の形を見据えよう、それこそ一番純粋で、一番日本的なものであると考えたわけです。ここにおいて、ある意味において、日本思想史の頂点に達したと言える。

このような流れを見てもわかるように、今一度、日本の思想史・精神史は、中華崇拝を清算するべきなのだ。確かに日本は中国から思想や精神的な面でさまざまな影響を受けた。だが、決して、日本は中国の思想的・精神的奴隷、子分ではない。

むしろ、日本は常に中国的なものを切り捨てて、否定してきたといえる。その上で、日本的なものをつくり上げてきて、それが今の日本を築き上げたわけだ。

だからこそ、今の日本の文明・文化が存在していると言える。そういう意味では、日本人が精神の清算をきちんと行わなければ、今後、中国とどうして対峙できるというのか。

新元号は、日本の古典から採用してほしい

今上天皇がご譲位され、新しい天皇が、二〇一九年五月一日に即位される。明治・大正・

昭和・平成……と、元号はすべて中国の古典から採用されてきた。今回の新元号は、日本の古典から採用してほしいと思うのは私だけではあるまい。『古事記』『日本書紀』『万葉集』……いろいろあるではないか。

昭和の最大の国難が大東亜戦争の敗戦であるなら、平成の次の時代の国難は「中国の脅威」となるだろう。そういう意味で、新しい時代の元号は、意地でも中国古典からの採用をやめてほしいと思う。中国の古典から採用した時点で、本居宣長的に言えば「漢意」に多少なりとも汚染されてしまっていることになりかねないからだ。

この時代だからこそ、元号で独立意志、気概を示そうではありませんか。

それと、日本の自虐史観も徹底的に清算すべきだ。中国は南京大虐殺を盾にして、記念日まで制定している。韓国も、いわゆる「慰安婦」問題や「徴用工」問題で相も変わらず日本を叩いてきている。

南京事件も慰安婦問題も、両方ともウソ。慰安婦は職業として売春行為をしていたのです。強制的に連行されたわけでもないし、性奴隷でもない。性のサービス業だった。崔吉《チエキル》城《ソン》氏の計算によると、ある一人の慰安婦が稼いで貯めたお金は、今の日本円で八千万円にもなるという。南京の話となると、中国で生まれ育ち、南京にも友人を持つ私の認識からすると、いわゆる「三十万人大虐殺」はまったくの嘘だと思う。歴史観をしっかり清算するべきなのです。

また、日本はこれから中華帝国と対峙していくために、日本を守るために、今こそ、台湾との関係を強化すべき時なのです。台湾が中国にとられたら、日本もその二の舞になる可能性が非常に高い。

アメリカも台湾との関係を強化している。トランプ政権下で、台湾旅行法が制定された。今までアメリカ政府関係者の台湾訪問が制限されていたが、この法律によって、解禁されることになった。さっそく、二〇一八年八月には、台湾の蔡英文総統が、中南米歴訪を終えた帰国の途中、経由地のアメリカのヒューストンでＮＡＳＡ（アメリカ航空宇宙局）の施設を訪問した。

日本でも、どんどん台湾と交流を進めるべきだろう。台湾が孤立無援のままだったら、台湾も独立を守り続けることができないのだから。

幸い、トランプ政権のペンス副大統領は、二〇一八年十月四日の演説で、対中宣戦布告ともいうべき強烈なパンチを中国に対して放った。この戦略的意味合いについては、藤井厳喜氏との対談書『米中「冷戦」から「熱戦」へ　トランプは習近平を追い詰める』（ワック）で詳述している。本書とあわせてご一読いただければありがたい。

『広辞苑』は『虚辞苑』だ！

ところで、二〇一八年一月に、改訂版が刊行された岩波書店の『広辞苑』第七版には、「台湾」の説明が「中華人民共和国」の一部として表記されていた。これは、岩波書店ならではの確信犯的誤記だと思う。まったく事実に反している。

戦前までは、台湾は日本の一部だった。ところが、日本が戦争に負け、大日本帝国は解体され。そのとき、台湾は置き去りにされた。どこの国に属することになったわけでもない。そこに目をつけた蔣介石《しょうかいせき》をはじめとした中華民国政府が共産党軍に負けたことを契機に、台湾に乗り込んで、勝手に強奪したのだ。

中華人民共和国とは、台湾とはまったく関係がない。中華人民共和国は一九四九年に設立されましたが、一度として台湾を統治したことはない。歴史的な経緯や国際法、あるいは、実効支配の意味からしても、台湾は中国とまったく関係がない。

そもそも台湾はれっきとした独立国家だ。自国の軍隊も配備しているし、国家財政を持ち、民主的な選挙で総統を選んでいる。『広辞苑』の表記は、目の前にある事実をすべて否定しているというしかない。要は「現実」を見て見ぬフリをしているのだ。そんな辞典は本当にひどい。日本政府は、台湾が中国の一省であると公式見解を発表したことは一度としてない。ただ、中国の考え方を尊重していることも、また事実です。

しかし、民間の出版社であれば、そのような政府の立場に縛られる必要はまったくない。政府の見解は間違っていると訂正しなければならない。ところが、『広辞苑』は政府の見解より、さらに劣悪な説明表記をしているのだ。

どうして中国の考え方に迎合しているのか。しかも、そういう辞典が、多くの日本人に読まれることになれば、台湾に対して「中国の一省である」と見て誤解してしまう。そういう考え方に洗脳されれば、中国が実力行使で台湾の侵略をしたら、多くの日本人は傍観者で終わることにもなりかねない。

今一度、日本、および日本人は台湾という地の重要性を再認識すべきだ。我々は『広辞苑』を『虚辞苑』と呼ぼうではありませんか。

新装版あとがき――私は日本のおかげで「解放」された

王君との〝くされ縁〟

本文でも綴ったように、私が日本に来るきっかけを作ったのは、朋友・王君《ワン》だった。同じ四川省出身で、高校時代からの一番の親友にして悪友。彼は清華大学で私は北京大学と、大学も隣同士だったことから〝くされ縁〟が続いた。

共通の話題はもちろん勉強ではなく、いかにして彼女を作るか？ 成功例をお互いアドバイスしたり、うまく行きそうになると、相手の女性を食事に呼んで、片方が「いかにこの友がすごい人間か」を語って相手を立てる。われわれの青春時代の三大テーマは、①民主化運動＝中国を民主主義国家にするため、情熱を燃やすこと、②彼女を作る、③友達と酒を飲んで天下国家を語る、に尽きていた。

学生寮では男〝八匹〟が一つ部屋で暮らし、夜、二段ベッドの寝床に入ってからも天下国家を議論して、二時間ぐらい語って疲れると、誰かが女の子の話を持ち出して、みな元気になってまた盛り上がり、いくら話しても堂々巡りなので、あきらめて寝る、の繰り返しだった。

大学を卒業し、私は故郷の四川大学の助手になったが、学生たちに〝民主化の理念〟を吹き込んで、学校側から厳重注意を受けた。そんなときである。政府の派遣留学生として大阪大学大学院に来ていた王君が「お前も日本に来ないか」と誘ってくれたのは。彼が半年分の学費と生活費を立て替えてくれて、二十六歳の私は、昭和最後の年に日本にやって来た。

「おしん」に感じた論語的世界

私の日本のイメージの根底を成すものは、テレビドラマ「おしん」である。日本で大ヒットしたこのドラマは、中国でも八〇年代に放映された。私は一九六二年の生まれだが、物心ついた四歳から十年間、本文でも詳述したように、文化大革命の真っ只中で成長した。教師だった父母は大学を追放され、農村に〝下放〟されていたため、農村部で漢方医だった祖父に育てられたが、祖父は幼い私に、密かに『論語』や中国の古い漢詩を書き取らせた。「絶対にこのことは外で言っては駄目だよ」と言い聞かせて。あるとき学校から早く帰ると、祖父が『論語』を書き取った私のノートを庭で焼いていた。

文化大革命が人々にもたらしたもの、それは人間性に対する破壊にほかならない。相互に密告することを奨励し、人間不信を煽《あお》り、相手を完膚《かんぷ》なきまでにやっつける。こちらが攻撃しなければ、攻撃される乱暴な社会。人間的な思いやりや尊厳はイデオロギーのため、徹底して破壊・抑制された。

「おしん」は私たちを取り巻く現実社会とは、極端なまでに違っていたけれど、私は子供の頃、祖父のたたずまいから感じ取った〝古きよき中国〟〝昔はあった中国〟を「おしん」の中に発見したのだと思う。――人間は生きていく中で、他人への愛情やしみや思いやりを持つことが大切で、そのために自分自身が頑張らなければならない。そのために自分は犠牲になる。しかしその行為により、多くの人々から愛される。

それは祖父が教えてくれた「論語的」な世界だった。おしん自身は、論語を学んだような人ではない。けれども、あの時代を生きた日本人はきっと「論語的」だったのだろう。それは中国でもかつては大事にされてきた美徳が詰まった世界だったが、祖父母の時代を最後に永遠に失われた。あの頃は反日教育もなく、歴史問題もそれほど重要視されていなかった頃で、「おしん」を通じて、多くの中国人が現実社会には存在しない〝人間的な世界〟を思い出し、また教えられたはずだ。

私が来日した一九八八年当時は、いまより日本と中国の経済的格差は大きかった。社会システムも政治体制も何もかも違っていたけれど、一番大きな違いはこの文化的・精神的土壌だったのである。祖父はすでに私が十一歳のとき、他界していたが、「おしん」を観て直感したとおり、私は現実の日本で、おじいさんが文化大革命のあの嵐の中で、危険を冒《おか》して私に植え付けてくれた「論語的」世界を発見した。それまで感じていた渇きが癒されていくのを実感した。

天安門で中国と訣別し、日本に安息の地を見つけた

私はこれまでに二度、日本に〝解放〟されている。一つは一九八八年に中国を離れて、

日本に来たこと。もう一つは、その翌年に起きた天安門事件である。日本でも民主化運動は続けていたが、あの事件では多くの仲間たちが殺され、運動は武力で鎮圧された。その過程で何が行われたかは、世界中に流れた映像のとおりである。

あの光景をニュースで見たとき、私は思った。

「ああ、俺はこの国のために頑張らなくてもいいんだ」「もう、この国に愛情を持たなくてもいいんだ」と。ずっと中国で生きていると、精神の安息がない。つねに一種の緊張状態におかれたまま、理想と現実の非常に激しい葛藤《かっとう》の中で生きることになる。民主化運動をしながらも、私は自分自身が〝中国のなかで〟魂がさまようような感覚を感じていた。逆説的だが、祖国への執着と愛を手放すことで、どれほど精神が楽になったか。

日本にいながら、天安門事件に遭遇したことで、私は中国のために死ぬほど心を痛めたり、激しく憤ったり、悲しみを感じたりすることを止めることが出来た。あれは確かに〝解放〟だったと思う。巨大なくびきから放り出されたある種の無力感の中、私の日本での本格的な留学生活が始まり、日本人との付き合いも広がっていった。孔子は「齢《よわい》三十にして立つ」と『論語』で語っているが、私の場合、三十で魂が着陸できた。地に足が付いた。それは日本という安息の地を得たからである。

「美しい日本」はいまのままでいてください

いまは生活の都合で奈良に住んでいるが、私は京都が好きで、なるだけ離れていたくない。この前も大原を歩いて、お寺や秋の風景をカメラに収めてきた。中国の文人たちは、プライベートな空間である自分の書斎に『論語』の言葉は飾らない。むしろ老子や荘子といった現実世界を脱出して、山水や高志に心を自在に遊ばせる境地――東洋思想にいう桃《とう》源郷《げんきょう》を好む。

中国は政治が大きくなりすぎた国である。中国の知識人たちは二千年前から、現実と理想のはざまで生きてきた。大原を散策していて自然と頭に呼び覚まされるのは、中国の先人たちが漢詩に歌い、求めてやまなかった田園風景。稲作文化の原点といおうか、田んぼがあって里山があって、お寺の鐘の音が聞こえてくる。門前には小さな茶屋が店を広げ、お団子を出したり、甘酒で誘ってくれる。

私がここで生きるのが一番いいと思ったのは、本文でも指摘したように、日本の優しさであり、日本の美しさであり、日本の豊かさ。そして何より、日本には中国人がかつて理

京都・大原の田園風景（上下とも）　　（写真撮影／著者）

想としてきたものがあったし、いまもあるからというのが理由である。漢詩の描く世界が、おしんのごとく論語を読まなくても、論語の教えをふだんの生活で実行している人たちがいるじゃないか、孔子はすべてのことは「礼」に適《かな》っていなければならないと説いたけれども、「礼」は日本の中にある……。

普通の日本人より、私は確かに日本を美化しているのだろう。現実には日本にもいろいろ問題はあるし、個々の問題については仕事柄、私自身、論じてもいる。ただ、私の精神はいまの日本を理想化しなければいられないのだ。自分が生きて行くために。

だから、これから先、次の新しい元号の時代になって、〝日本が日本でなくなること〟を私は一番恐れている。人間性豊かな日本、思いやりの日本、美しい日本。日本は何としてもいまのままでいてくれなくては私が困る。日本が日本でなくなることは、私の人間性、私の人生もなくなることを意味するから。「日本は絶対に俺を裏切らない」――そう信じることが、いま、私の生きる支えなのである。

平成三十一年(二〇一九年)二月吉日

石平

本書は、二〇〇九年八月に小社より出版された『私はなぜ「中国」を捨てたのか』に加筆し、新たな章（第6章）を書き下ろした増補・新装版です。

石　平（せき・へい）

評論家。1962年、中国四川省成都生まれ。北京大学哲学部卒業。四川大学哲学部講師を経て、1988年に来日。1995年、神戸大学大学院文化学研究科博士課程修了。民間研究機関に勤務ののち、評論活動へ。2007年、日本に帰化する。著書に『なぜ中国から離れると日本はうまくいくのか』(PHP新書、第23回山本七平賞受賞)、『アメリカの本気を見誤り、中国を「地獄」へ導く習近平の狂気』(ビジネス社)、『アジアの覇者は誰か　習近平か、いやトランプと安倍だ！』『米中「冷戦」から「熱戦」へ　トランプは習近平を追い詰める』(ワック) など多数。

《新装版》私《わたし》はなぜ「中国《ちゅうごく》」を捨てたのか

2019年3月28日　初版発行

著　者　石　平

発行者　鈴木　隆一

発行所　ワック株式会社

東京都千代田区五番町4-5　五番町コスモビル　〒102-0076
電話　03-5226-7622
http://web-wac.co.jp/

印刷製本　図書印刷株式会社

ISBN978-4-89831-791-4